HOMBRE Y MUJER

OSHO

HOMBRE Y MUJER

La danza de las energías

EDAF

MADRID - MÉXICO - BUENOS AIRES - SAN JUAN - SANTIAGO
2004

Título del original:
MAN-WOMEN - The Dance of Energies

© 2000. Osho International Foundation.
© 2000. De la traducción: ELÍAS SARHAN
© 2002. Osho International Foundation. El material de este libro es una selección de las charlas dadas por Osho durante más de treinta años. Todas ellas han sido publicadas íntegramente en inglés y también están disponibles las grabaciones originales en audio. Ambas se pueden encontrar on-line en la biblioteca de la www.osho.com
© 2002. De esta edición, Editorial EDAF, S.A., por acuerdo con Osho International Foundation Bahnhofstr, 52. 8001 Zurich, Switzerland.
www.osho.com **OSHO** es una marca registrada de Osho International Foundation.

Diseño de cubierta: Ricardo Sánchez

Editorial EDAF, S.A.
Jorge Juan, 30. 28001 Madrid
http://www.edaf.net
edaf@edaf.net

Edaf y Morales, S. A.
Oriente, 180, nº 279. Colonia Moctezuma, 2da. Sec.
C. P. 15530. México, D. F.
http://www.edaf-y-morales.com.mx
edafmorales@edaf.net

Edaf del Plata, S. A.
Chile, 2222
1227 - Buenos Aires, Argentina
edafdelplata@edaf.net

Edaf Antillas, Inc
Av$_F$ J. T. Piñero, 1594 - Caparra Terrace (00921-1413)
San Juan, Puerto Rico
edafantillas@edaf.net

Edaf Chile, S.A.
Huérfanos, 1178 -Of. 506
Santiago - Chile
edafchile@edaf.net

Queda prohibida, salvo excepción prevista en la ley, cualquier forma de reproducción, distribución, comunicación pública y transformación de esta obra sin contar con la autorización de los titulares de propiedad intelectual. La infracción de los derechos mencionados puede ser constitutiva de delito contra la propiedad intelectual (art. 270 y siguientes del Código Penal). El Centro Español de Derechos Reprográficos (CEDRO) vela por el respeto de los citados derechos.

2.ª *edición, febrero 2006*

Depósito legal: M-7.426-2006
ISBN: 978-84-414-1684-0

Índice

	Págs.
Introducción: El hombre y la mujer son complementarios	11
La danza de los opuestos	15
Complementarios	39
Cortejo	55
Descubrimiento	67
Intimidad	81
El viaje de descubrimiento	89
Amor	101
Soledad	127
Comunión	143
Madurez	165
La danza interior	181
Sobre el Osho International Meditation Resort	205
Para más información	207

HOMBRE Y MUJER

La danza de las energías

INTRODUCCIÓN

El hombre y la mujer son complementarios

Ha habido hombres y ha habido mujeres, pero no ha habido seres humanos.

El hombre solo no será capaz de llegar muy lejos. La mujer sola simplemente será un estanque de energía sin posibilidad alguna de movimiento dinámico. Cuando ambos están juntos son complementarios. Ninguno está por encima del otro. Los complementarios jamás están arriba o abajo, son iguales. Juntos conforman un todo, y juntos pueden crear una santidad que no resulta posible para ninguno por separado.

Un hombre, para ser realmente masculino, ha de ser aventurero, creativo, ha de ser capaz de tomar tantas iniciativas en la vida como le sea posible. La mujer, para ser de verdad una mujer, ha de ser un estanque de energía detrás del hombre, para que la aventura pueda disponer de tanta energía como sea posible. La energía será necesaria para que la aventura pueda tener cierta inspiración, cierta poesía, de modo que el alma aventurera pueda relajarse en la mujer y verse rellenada con vida, rejuvenecida.

El hombre y la mujer, juntos, moviéndose de manera positiva, son un todo. Y la verdadera pareja —y hay muy pocas parejas verdaderas— es una en la que cada uno se ha unido con el otro de una forma positiva.

Si ambas partes son conscientes del hecho de que se trata del encuentro de opuestos, de que no hay necesidad de convertirlo en un conflicto, entonces es una gran oportunidad para comprender y asimilar el punto de vista totalmente opuesto. De esa manera, la vida de un hombre y de una mujer, juntos, puede convertirse en una hermosa armonía. El enfoque femenino y el enfoque masculino son tan distintos que a menos que se lleve a cabo un esfuerzo consciente, a menos que se convierta en vuestra meditación, no existe esperanza de disfrutar de una vida apacible.

Siempre que dos personas se encuentran, se crea un mundo nuevo. Su simple reunión le da vida a un nuevo fenómeno, que antes no existía, que nunca había existido. Y a través de ese nuevo fenómeno ambas personas son modificadas y transformadas. Vosotros creáis la relación, pero dicha relación también os crea a vosotros.

Si nuestras relaciones con las personas contienen la gran comprensión de que al otro habría que concederle una libertad total para que pueda seguir siendo lo que es, quizá con cada momento se pueda revelar más y más belleza. Haced que el amor de la gente sea libre, haced que la gente no sea posesiva. Pero esto solo puede suceder si en vuestra meditación descubrís vuestro ser.

La intimidad con una mujer o con un hombre es mejor que tener muchas relaciones superficiales. El amor no es una flor de temporada, requiere años para crecer. Y solo cuando crece va más allá de la biología y empieza a tener algo de lo espiritual en su naturaleza. Estar con muchas mujeres o con muchos hombres os mantendrá superficiales... quizá satisfechos, pero superficiales; ocupados, desde luego, pero no de un modo que os vaya a ayudar en el crecimiento interior. Pero una relación de uno a uno, sostenida para que podáis comprenderos de manera más personal, aporta un beneficio tremendo.

Continuad buscándoos, encontrando maneras nuevas de amaros, de estar juntos. Cada persona es un misterio infinito, inagotable, insondable, de modo que no es posible que alguna vez podáis decir: «La he conocido», o: «Lo he conocido». Como mucho, podréis decir: «He intentado todo lo que he podido, pero el misterio sigue siendo un misterio». De hecho, cuanto más conocéis, más misteriosa se vuelve la otra persona. Entonces el amor es una aventura constante.

En un mundo mejor, con personas más meditativas, con un poco más de iluminación en la Tierra, la gente amaría, amaría inmensamente, pero su amor seguiría siendo una unión, no una relación. Y no digo que ese amor llegará a ser únicamente momentáneo. Existen todas las posibilidades de que ese amor sea más profundo que el vuestro, que posea una cualidad más elevada de intimidad, que tenga más poesía y más de Dios en él. Y existe toda la posibilidad de que ese amor dure más de lo que vuestra así llamada relación pueda llegar a durar jamás. Pero no lo garantizaría la ley, ni los tribunales ni la policía.

La garantía sería interior. Sería un compromiso desde el corazón, una comunión silenciosa.

OSHO

LA DANZA DE LOS OPUESTOS

Hay unas pocas cosas muy fundamentales que se deben entender.

Primera, un hombre y una mujer son, por un lado, mitades del otro, y por el otro lado, polaridades opuestas. El hecho de ser opuestos hace que se atraigan. Cuanto más separados estén, más profunda será la atracción; cuanto más diferentes sean, más grande será el encanto, la belleza y la atracción. Pero ahí radica todo el problema.

Cuando se acercan, quieren acercarse más, quieren fundirse en el otro, quieren convertirse en uno, en un todo armonioso... pero toda su atracción depende de la oposición, y la armonía dependerá de disolver dicha oposición.

A menos que una relación amorosa sea muy consciente, va a crear mucha angustia y problemas.

Todos los amantes tienen problemas. El problema no es personal; radica en la misma naturaleza de las cosas.

Lo llaman enamorarse. No pueden aportar razón alguna que explique una atracción tan tremenda hacia el otro. Ni siquiera son conscientes de las causas subyacentes; y por eso suceden cosas extrañas: los amantes más felices son aquellos que jamás se encuentran. En cuanto lo hacen, la misma oposición que creó la atracción se convierte en un conflicto. En cada cosa pequeña sus actitudes y enfoques son diferentes. Aunque hablan el mismo idioma, son incapaces de entenderse.

HOMBRE Y MUJER

El modo en que un hombre observa el mundo es distinto del de una mujer.

Por ejemplo, un hombre está interesado en cosas lejanas... en el futuro de la humanidad, en las estrellas distantes, en si hay seres vivos en otros planetas. Una mujer simplemente ríe entre dientes ante esas tonterías. A ella solo le interesa un círculo muy pequeño y cerrado: los vecinos, la familia, quién engaña a su esposa, qué esposa se ha enamorado del chófer. Su interés es muy local y muy humano. No le preocupa la reencarnación; tampoco le preocupa la vida después de la muerte.

Su preocupación es más pragmática. Le preocupa el presente, el aquí y el ahora.

El hombre jamás está en el aquí y el ahora. Siempre se encuentra en alguna otra parte.

Si ambas partes son conscientes del hecho de que se trata de un encuentro de opuestos, de que no hay necesidad de convertirlo en un conflicto, entonces es una gran oportunidad para entender el punto de vista totalmente opuesto y asimirarlo. En ese caso, la vida de un hombre y una mujer, juntos, puede transformarse en una hermosa armonía. De lo contrario, es una pelea constante. Hay descansos... no se puede mantener una pelea durante veinticuatro horas al día; también hace falta descansar para prepararse para una nueva pelea. Sin embargo, uno de los fenómenos más extraños es que durante miles de años los hombres y las mujeres han estado viviendo juntos, y aun así son extraños. Siguen teniendo hijos, pero continúan siendo extraños. Los enfoques femenino y masculino son tan opuestos entre sí que a menos que se realice un esfuerzo consciente, a menos que se convierta en vuestra meditación, no existe esperanza de disfrutar de una vida apacible.

HOMBRE Y MUJER

La mujer piensa intuitivamente, el hombre intelectualmente, lo que impide el encuentro. La mujer simplemente llega a conclusiones sin ningún proceso de pensamiento. Y el hombre avanza paso a paso para alcanzar una conclusión. El hombre se esfuerza por llegar a una conclusión, mientras que la mujer simplemente la saca. Posee una sensación intuitiva.

Por ello no se puede engañar a una mujer, en especial a vuestra esposa. Resulta imposible; nadie ha sido jamás capaz de lograrlo. De inmediato os descubrirá, porque el modo en que la mujer ve no se parece al modo en que veis vosotros. Ella entra por la puerta de atrás, ¡mientras que vosotros ni siquiera sabéis que tenéis una puerta trasera! Distribuís todo ante la puerta delantera, y ella entra por la de atrás y conoce todos los detalles.

El marido llega a casa preparado. Qué va a decir, cómo va a responder... lo repasa todo. Y en cuanto mira a la mujer todos los ensayos se desvanecen y se comporta como un niño tartamudo. Incluso una gran persona como Napoleón le tenía mucho miedo a las mujeres. Temía a su propia esposa, porque lo descubrirá de inmediato.

La mente del hombre sigue un curso zigzagueante, la de la mujer un curso recto como una flecha. Ella no escucha lo que decís, sino que os mira a los ojos. Presta atención al *modo* en que decís las cosas. Percibe vuestra mano temblorosa, ve que vuestros ojos intentan evitarla. No escucha lo que estáis diciendo; eso es irrelevante... sabe que se trata de una historia que habéis logrado inventar de camino del bar a casa. Sin embargo, está más sincronizada con vuestro lenguaje corporal. Y este es más auténtico, porque aún no podéis controlarlo y engañar con él.

La manera en que una mujer alcanza conclusiones no es lógica, se deja llevar por corazonadas. Pero en su mayor parte son acertadas. La lógica puede fracasar, pero sus corazonadas no. Posee un enfoque intuitivo, mientras que el enfoque del hombre es solo intelectual. Y desde luego el enfoque intuitivo tiene una puerta trasera para conocer la realidad.

El intelecto simplemente sigue llamando a la puerta delantera sin que nadie la abra. La puerta de atrás está siempre abierta.

El hombre es capaz de abordar cualquier problema de un modo intelectual. Le tiene miedo a la mujer porque el modo en que ella aborda un problema es muy intuitivo, instintivo. Ninguna mujer es intelectual... inteligente, desde luego, pero no intelectual. La inteligencia del hombre es de un tipo, y la inteligencia de la mujer es de un tipo totalmente diferente. La inteligencia del hombre es la esencia de su intelecto, y la inteligencia de la mujer nace de su poder intuitivo. No hay un punto intermedio donde puedan encontrarse... no existe posibilidad para ello. Son polos opuestos, por eso se sienten tan atraídos entre sí. Debido a que no pueden comprenderse existe misterio entre ellos; ese misterio posee un gran atractivo.

De hecho, podéis amar a una mujer toda vuestra vida, pero jamás seréis capaces de entenderla. Seguirá siendo un misterio, impredecible; vive más a través de los estados de ánimo que de los pensamientos, es más parecida al clima y menos a un mecanismo. Amad a una mujer y lo sabréis. Por la mañana hay nubes y ella está triste, y, de inmediato, no ha sucedido nada en particular y las nubes han desaparecido y una vez más luce el sol y ella canta. ¡Increíble para un hombre!

¿Qué tonterías pasan por una mujer? Sí, son tonterías porque, para un hombre, las cosas deberían tener una explicación racional. «¿Por qué estás triste?» Una mujer simplemente responde: «Me siento triste». A un hombre le resulta imposible entenderlo. Ha de haber alguna razón para estar triste. ¿Solo estar triste? «¿Por qué estás feliz?» Una mujer simplemente contesta que se siente feliz. Vive a través de estados de ánimo.

Por supuesto, a un hombre le resulta difícil vivir con una mujer... porque si las cosas son racionales, se pueden manejar. Si son irracionales, si surgen de la nada, resultan muy difíciles de manejar. Ningún hombre ha sido jamás capaz de manejar a una mujer. Al final termina por rendirse; abandona todo el esfuerzo de manejarlo.

El hombre es más argumentativo. Esto han aprendido las mujeres: si siguen hasta el fin de la discusión, él ganará. De modo que no discuten, pelean. Se enfadan y lo que no pueden hacer mediante la lógica lo hacen a través de la furia. Lo sustituyen todo por la ira y, desde luego, el hombre, que piensa que no tiene sentido tomarse tantas molestias por algo tan insignificante, termina por estar de acuerdo con ellas.

HOMBRE Y MUJER

La mujer tiene sus propios argumentos: romper platos. Por supuesto, esos platos son los viejos. Jamás rompe los realmente hermosos. Golpea al hombre con la almohada, pero golpear a alguien con una almohada no es un acto violento. Una almohada blanda representa una pelea muy poco violenta. Le arroja cosas, pero jamás apunta a darle. Apunta aquí y allá. Pero eso es suficiente para dar la alarma en el vecindario. Es lo que ella quiere, que todo el barrio se entere de lo que está sucediendo. Eso aplaca al marido. Este se arrastra y suplica: «Perdóname. Estaba equivocado desde el principio. Lo sabía».

A medida que las parejas se asientan, el marido olvida todo sobre las discusiones. Cuando entra en la casa, respira hondo y se prepara para cualquier cosa irracional que vaya a suceder.

La mitad del mundo, el mundo exterior, el mundo objetivo, ha de ser abordado mediante la razón. De modo que cuando se trate de un asunto del mundo exterior, hay más posibilidades de que el hombre tenga razón. Pero siempre que se trate de una cuestión del mundo interior, es más posible que la mujer tenga razón, porque en ese asunto la razón no es necesaria. Así que si vais a comprar un coche, prestad atención al hombre, y si vais a elegir una iglesia, prestad atención a la mujer. Pero es algo casi imposible. Si tenéis esposa, no podéis elegir el coche... es casi imposible. Ella lo elegirá. ¡Y no solo eso, sino que se sentará en la parte de atrás y lo conducirá!

EL hombre y la mujer han de llegar a una cierta comprensión de que en lo que atañe al mundo de los objetos y las cosas, el hombre es más propenso a tener razón y ser más preciso. Él funciona a través de la lógica, es más científico, es más occidental. Cuando una mujer funciona más intuitivamente, es más oriental, más religiosa. Es más posible que su intuición la guíe al camino correcto. De manera que si vais a ir a una iglesia, seguid a vuestra mujer. Posee una sensación más precisa para las cosas que son del mundo interior. Y si amáis a una persona, a la larga se llega a esa comprensión y entre los dos amantes surge un acuerdo tácito: quién va a tener razón según qué cosas.

Y el amor siempre es comprensión.

El hombre es un hacedor. La mujer es una amante, no una hacedora. El hombre es la mente, la mujer es el corazón. El hombre puede crear cosas, pero es incapaz de dar vida. Para eso es necesaria la receptividad de la tierra. La simiente cae en ella, desaparece bajo tierra y un día surge una vida nueva. Así es como nace un niño. Hace falta una matriz para dar a luz... a un bebé, a lo sagrado o a vosotros mismos. Tenéis que convertiros en una matriz.

La mujer es paciente. ¡Pensad en un hombre teniendo un bebé en su vientre durante nueve meses! No se puede concebir que un hombre sea capaz de tolerarlo... es imposible. Las mujeres son más tolerantes, aceptan más. ¿De dónde procede esa fortaleza? De su receptividad.

HOMBRE Y MUJER

Cuando sois hacedores os agotáis. Un hombre y una mujer haciendo el amor... el hombre se agota; la mujer se ve enriquecida, nutrida, porque es la receptora. Al hacer el amor un hombre pierde energía, una mujer la gana. Por eso las mujeres se han visto inhibidas en todo el mundo. ¡Si no se las contuviera, el hombre moriría! Sería imposible para ningún hombre satisfacer a alguna mujer. Una mujer puede hacer el amor con una docena de personas en una noche y aun así estar fresca, llena de energía. Un hombre solo puede hacer el amor una vez, y luego se queda agotado. El hombre expulsa energía, la mujer la recibe.

La mujer espera... eso no significa que no ame, ama tremendamente; ningún hombre puede amar con igual profundidad... pero ella espera. Confía en que las cosas acontecerán en su momento justo, y precipitarlas no sirve para nada. Una mujer no está tensa, sino llena de energía, de ahí la belleza femenina.

En el útero de la madre el óvulo simplemente espera. No va a ninguna parte. El esperma del varón viaja, y lo hace a gran velocidad. Realmente es una distancia enorme la que recorre el esperma del varón hasta el óvulo de la mujer; empieza una gran competencia. Los hombres son competitivos desde el mismo comienzo, incluso desde antes de nacer. Mientras hacen el amor con una mujer un hombre libera millones de espermas, y todos se precipitan hacia el óvulo. Se requiere una gran velocidad porque solo uno será capaz de llegar hasta el óvulo, no todos. Solo uno va a ser el ganador del Premio Nobel. ¡La verdadera Olimpiada empieza aquí! Y se trata de una cuestión de vida o muerte, no es corriente. La competencia es grande... millones de espermas luchando, avanzando a toda velocidad, y solo uno llegará a su destino. Pero el óvulo femenino simplemente está a la espera... con gran confianza.

HOMBRE Y MUJER

Es muy raro encontrar a un hombre que no sea un marido dominado... muy raro. De hecho, no sucede, y si alguna vez encontráis a uno, entonces se trata de la excepción que confirma la regla, nada más. Hay razones psicológicas para ello.

El hombre pelea continuamente en el mundo, de modo que su energía masculina se agota. Cuando llega a casa, quiere volverse femenino. Quiere reposar de su agresión masculina. En la oficina, en la fábrica, en el mercado, en la política... en todas partes ha estado peleando y peleando. En casa no quiere pelear; quiere descansar, porque al día siguiente el mundo volverá a empezar. Por ello en el momento en que entra en casa se convierte en femenino. Todo el día la mujer ha sido femenina, sin pelear; no ha habido nadie con quien pelear. Está cansada de ser una mujer... y de la cocina, de todo y de los niños. Quiere disfrutar de un poco de agresividad y pelear y reñir, y el pobre marido está disponible. De modo que ella se convierte en el varón y el marido se convierte en la mujer; esa es toda la base para la dominación.

El corazón sigue siendo primitivo. Y es bueno que las universidades no hayan encontrado todavía un modo de enseñar al corazón y de volverlo civilizado. Es la única esperanza que tiene la humanidad para sobrevivir. La mujer es la única esperanza que tiene la humanidad para sobrevivir. Hasta ahora, el hombre ha sido dominante, y ello por una extraña causa. Esta es que en lo más hondo el hombre se siente inferior. Debido a la inferioridad, con el fin de compensarla, comenzó a dominar a la mujer.

Solo en un sentido es más fuerte que la mujer: en fuerza muscular. En todos los demás sentidos la mujer es mucho más fuerte que el hombre. La mujer vive más tiempo que el hombre, sufre menos que él debido a las enfermedades.

Más hombres se vuelven locos, el número es casi el doble. Y más hombres se suicidan; otra vez la cantidad es casi del doble. En todos los modos posibles, salvo en el muscular, la mujer es muy superior.

HOMBRE Y MUJER

La inteligencia y la claridad forman parte de la mente masculina. La absorción y la tranquilidad forman parte de la mente femenina. Solo una mujer puede absorber, por ello se queda embarazada... posee el útero. Esas dos cosas son necesarias. Si no sois inteligentes, no seréis capaces de entender qué se os está diciendo, no comprenderéis qué os está impartiendo el Maestro. Y si no sois femeninos, no seréis capaces de absorberlo, no podréis quedaros embarazados con ello. Y ambas cosas son necesarias. Debéis ser inteligentes, muy inteligentes para entenderlo. Y tenéis que ser muy absorbentes para mantenerlo en vuestro interior, para que se convierta en una parte de vosotros.

El hombre ha estado obligando a la mujer a ser silenciosa, no solo por fuera, sino también por dentro... obligando a la parte femenina a estar quieta. Mirad en vuestro interior. Si la parte femenina dice algo, de inmediato saltáis y replicáis: «¡Es ilógico! ¡Absurdo!». Os perdéis muchas cosas en vuestra vida porque la cabeza no para de hablar; no permite que la parte femenina hable.

Los alborotadores se convierten en líderes. En las escuelas, todos los profesores inteligentes eligen a los mayores alborotadores como jefes de clase. En cuanto ocupan un puesto poderoso, toda la energía que dedican a los problemas adquiere utilidad para el maestro. Esas mismas personas problemáticas comienzan a crear disciplina.

La mente masculina es un fenómeno alborotador... por ello abruma, domina. Pero en lo más hondo, aunque podáis alcanzar poder, os perdéis la vida. ¡Y en lo más hondo la mente femenina continúa! A menos que deis marcha atrás hacia lo femenino y os entreguéis, a menos que vuestra resistencia y lucha se conviertan en rendición, no sabréis lo que es la vida verdadera ni su celebración.

Uno debería de ser como el agua... que fluye, fresca, siempre en movimiento hacia el océano. Y uno debería de ser como el agua: suave, femenino, receptivo, cariñoso, no violento. Uno no debería de ser como una roca. La roca da la impresión de ser fuerte, pero no lo es, y el agua da la impresión de ser muy débil, pero no lo es.

Que nunca os engañen las apariencias. Al final el agua vence a la roca y esta es destruida y se convierte en arena que es arrastrada al mar. Al final la roca desaparece... ante el agua blanda.

La roca es masculina; es la mente masculina, la mente agresiva. El agua es femenina, suave, cariñosa, en absoluto agresiva. Pero gana el elemento no agresivo. El agua siempre está dispuesta a rendirse, pero mediante la rendición conquista... ese es el estilo de la mujer. La mujer siempre se rinde y conquista a través de ese acto. Y el hombre quiere conquistar y el resultado final no es otra cosa que una rendición.

COMPLEMENTARIOS

HOMBRE Y MUJER

EL mundo ha vivido en dos partes. El hombre ha hecho su propio mundo mientras la mujer ha vivido en una sombra... ha creado su propio mundo en la sombra. Es muy desafortunado, porque un hombre o una mujer, para estar completos, para ser un todo, deben poseer todas las cualidades juntos. Tanto los hombres como las mujeres deberían de ser tan suaves como un pétalo de rosa y tan duros como una espada... juntos. Entonces, sea cual fuere la oportunidad y siempre que la situación lo requiera... Si la situación necesita que seáis una espada, estáis listos; si la situación necesita que seáis un pétalo de rosa, estáis listos. Esta flexibilidad —entre el pétalo de rosa y la espada— enriquecerá vuestra vida.

Es muy difícil para una mujer decidirse, porque es más fluida, más un proceso y menos solidez. Esa es su belleza y gracia. Es más parecida a un río, no para de cambiar. El hombre es más sólido, más directo, seguro, decisivo. De modo que siempre que sean necesarias decisiones, escuchad a un hombre. Y cuando no se necesiten decisiones, sino flotar a la deriva, entonces es la mujer la que puede ayudar al hombre a escucharla a ella.

La mente femenina puede revelar muchos misterios, igual que la mente masculina puede revelar muchos misterios; pero así como existe un conflicto entre la ciencia y la religión, de la misma manera hay un conflicto entre el hombre y la mujer. Se espera que un día el hombre y la mujer se complementen en vez de estar en conflicto, pero ese será el mismo día en que la ciencia y la religión también se complementen. La ciencia escuchará con comprensión lo que diga la religión, y la religión escuchará con comprensión lo que diga la ciencia. No habrá invasión, porque los campos son absolutamente diferentes. La ciencia se mueve hacia el exterior, la religión hacia el interior.

HOMBRE Y MUJER

Las mujeres son más meditativas, los hombres más contemplativos. Pueden pensar mejor. Estupendo... cuando se requiera pensar, escuchad al hombre. Las mujeres pueden sentir mejor. Cuando sea necesario sentir, escuchad a las mujeres. Y tanto sentir como pensar hacen que una vida sea completa. De manera que si de verdad estáis enamorados, os convertiréis en un símbolo de yin/yang. ¿Habéis visto el símbolo chino del yin/yang? Dos peces casi se encuentran y funden entre sí en un movimiento profundo, completando el círculo de energía. Hombre y mujer, hembra y macho, noche y día, trabajo y descansó, pensar y sentir: no son elementos antagónicos, son complementarios. Y si amáis a una mujer o a un hombre, os veis tremendamente potenciados en vuestro ser. Os volvéis completos.

El hombre y la mujer son dos partes de un todo; su mundo también debería ser un todo, y deberían compartir todas las cualidades sin distinción... ninguna cualidad debería ser catalogada como femenina o masculina.

Cuando hacéis que alguien sea masculino, esa persona pierde grandes cosas en su vida. Se queda seco, se estanca, se vuelve duro, casi muerto. Y la mujer que olvida por completo cómo ser dura, cómo ser una rebelde, está destinada a convertirse en una esclava, porque solo posee cualidades blandas. Ahora bien, las rosas no pueden combatir con las espadas, serían aplastadas, aniquiladas y destruidas.

Aún no ha nacido un ser humano total. Ha habido hombres y ha habido mujeres, pero no ha habido seres humanos.

LA masculinidad puede tener dos direcciones, igual que le sucede a la feminidad. La mente masculina puede ser agresiva, violenta, destructiva... esa es solo una de las posibilidades. Los hombres han intentado eso, y como resultado la humanidad ha sufrido mucho. Y cuando los hombres prueban ese aspecto negativo de la masculinidad, de forma natural las mujeres comienzan a adoptar la feminidad negativa, con el fin de no separarse de los hombres. De lo contrario, el abismo sería demasiado grande, insalvable. Cuando la feminidad es negativa, es inactividad, letargo, indiferencia. El hombre negativo únicamente puede tener un puente con una mujer negativa.

La masculinidad positiva es iniciativa, creatividad, aventura. Son las mismas energías, pero moviéndose en un plano diferente. La mente negativa masculina se vuelve destructiva, la mente positiva masculina se vuelve creativa. La destructividad y la creatividad no son dos cosas, sino dos aspectos de una energía. La misma energía puede tornarse en agresión y en iniciativa.

Cuando la agresión es iniciativa, posee una belleza propia. Cuando la violencia se transforma en aventura, en exploración, exploración de lo nuevo, de lo desconocido, tiene un beneficio tremendo. Y lo mismo sucede con lo femenino. La inactividad es negativa, la receptividad es positiva. Se parecen, tienen un aspecto muy similar. Os harán falta ojos muy penetrantes para ver la diferencia entre lo inactivo y lo receptivo. La inactividad es, sencillamente, aburrimiento, muerte, desesperanza. No hay nada que esperar, nunca va a suceder nada. Es caer en un letargo, en una especie de indiferencia. Lo receptivo es una bienvenida, es una espera, tiene una plegaria en su interior. La receptividad es un anfitrión, la receptividad es un útero.

La indiferencia y el letargo son venenos. Pero lo mismo que se vuelve indiferencia puede transformarse en desapego, y entonces posee un sabor por completo diferente. La indiferencia se parece al desapego, pero no lo es; la indiferencia es, sencillamente, falta de interés. El desapego no es la ausencia de interés... el desapego es el interés absoluto, un interés tremendo, pero aún con la capacidad de no aferrarse. Disfrutad del momento mientras está ahí, y cuando el momento comience a desaparecer, como todo está destinado a desaparecer, dejadlo ir. Eso es desapego.

Un hombre, para ser realmente masculino, ha de ser aventurero, creativo, ha de ser capaz de tomar tantas iniciativas en la vida como le sea posible. La mujer, para ser de verdad una mujer, ha de ser un estanque de energía detrás del hombre, para que la aventura pueda disponer de tanta energía como sea posible. La energía será necesaria para que la aventura pueda tener cierta inspiración, cierta poesía, de modo que el alma aventurera pueda relajarse en la mujer y verse rellenada con vida, rejuvenecida.

El hombre y la mujer, juntos, moviéndose de manera positiva, son un todo. Y la verdadera pareja —y hay muy pocas parejas verdaderas— es una en la que cada uno se ha unido con el otro de una forma positiva.

HOMBRE Y MUJER

Si el poeta sabe que la mujer está detrás de él, apoyándolo, su poesía puede alcanzar grandes alturas. Si el hombre sabe que la mujer está siempre con él, posee una gran fortaleza; puede lanzarse a cualquier aventura. En cuanto siente que la mujer no está con él, se le agota la energía. En ese momento solo le quedan sueños; pero son impotentes... carecen de energía, no se pueden llevar a cabo. El factor de realización es la mujer. El factor de soñar es el hombre.

En la búsqueda de Dios, o de la verdad, el hombre ha de conducir y la mujer ha de seguir. En vuestro interior el *animus* ha de convertirse en maestro y el *anima* en discípulo... y recordad, ajenos a que seáis hombre o mujer.

La mujer es inactiva. El hombre es dinámico. Por eso veis a las mujeres con aspecto apacible y a los hombres con aspecto inquieto. Incluso cuando erais bebés, bebés pequeños, la diferencia estaba ahí. El niño bebé es muy inquieto, intenta agarrar esto, agarrar lo otro, trata de llegar a alguna parte; es un incordio. Y la niña bebé jamás es un incordio; se sienta abrazando en silencio a su muñeca. Un tremendo reposo... El principio del reposo es la mujer y el principio de la inquietud es el hombre, de ahí las redondeces y la belleza de una mujer y el estado constantemente febril de un hombre.

Pero para crecer necesitaréis el principio de la inquietud en vosotros, porque el crecimiento significa cambio. La mujer es básicamente ortodoxa, el hombre básicamente es poco convencional. La mujer siempre apoya el *statu quo,* y el hombre ya está dispuesto a ir en pos de cualquier estúpida revolución. Apoya cualquier cosa en cambio. Que sea un cambio para bien o para mal es de poca importancia. «El cambio es bueno.»

HOMBRE Y MUJER

La mujer siempre es partidaria de lo viejo, de lo establecido, sin importar que sea bueno o malo. «Como siempre ha sido así, ha de ser así.»

El desarrollo requiere que en vosotros se funda el principio del estancamiento. Si la mujer que hay en vosotros está helada, debe fundirse para que podáis convertiros en río. Pero el río también necesita el apoyo de las riberas... que son estáticas, no lo olvidéis. Si el río careciera de riberas, jamás llegaría hasta el océano. Y si el río estuviera helado, jamás llegaría hasta el océano. De modo que el río ha de derretirse, convertirse en agua, y aun así requerirá el apoyo de las riberas, que son estáticas.

Lo repito: el hombre ha de ser masculino y la mujer ha de ser femenina, pero de un modo positivo. Entonces estar juntos es una meditación, realmente es una gran aventura. Entonces estar juntos aporta sorpresas nuevas cada día. Entonces la vida es una danza entre esas dos polaridades, que se ayudan y se nutren.

El hombre solo no será capaz de llegar muy lejos. La mujer sola simplemente será un estanque de energía sin posibilidad alguna de movimiento dinámico. Cuando ambos están juntos son complementarios. Ninguno está por encima del otro. Los complementarios jamás están arriba o abajo, son iguales. Ni el hombre ni la mujer están arriba, son complementarios. Juntos conforman un todo y juntos pueden crear algo sagrado que no resulta posible para ninguno por separado.

HOMBRE Y MUJER

SED totales. Reclamad aquello que os ha sido negado por la sociedad; no temáis hacerlo. No temáis... si sois hombre, no temáis ser mujer a veces.

Alguien ha muerto; no podéis llorar porque sois hombres y las lágrimas solo son para las mujeres. Qué cosas tan hermosas son las lágrimas... negadas a los hombres. Entonces el hombre se vuelve más y más duro, violento, ansioso. Entonces no es de extrañar que nazcan personas como Adolfo Hitler. Un hombre cuyas lágrimas han desaparecido está destinado a convertirse en Adolfo Hitler un día cualquiera. Está destinado a convertirse en Gengis Kan, cuyas lágrimas han desaparecido. Entonces será incapaz de sentir simpatía; se volverá tan duro que no será capaz de sentir lo que le está haciendo a la gente. Hitler mató a millones sin el más leve remordimiento de conciencia. Es realmente el hombre; la mujer ha desaparecido por completo... la compasión, el amor, todo ha desaparecido. Las lágrimas han desaparecido.

Me gustaría que los hombres también pudieran llorar como las mujeres. Dejad que las lágrimas fluyan, os suavizarán los corazones. Os harán más líquidos y fluidos. Derretirán la estructura de vuestra ventana y os permitirán disponer de un cielo más grande.

A las mujeres no se les permite reír estruendosamente, va contra la gracilidad femenina. ¡Qué tontería! Si no podéis reír con intensidad, os perdéis mucho. La risa debe surgir del vientre. La risa debe ser tan hilarante como para sacudir todo el cuerpo. No debería ser embriagadora. Pero las mujeres sonríen; no ríen. Una risa estruendosa es tan poco femenina. Entonces las damas llevan una vida febril. Poco a poco se vuelven más oníricas, irreales, poco auténticas.

No os volváis damas y caballeros. Volveos completos.

CORTEJO

Os enamoráis de una mujer porque es tan nueva: la fisiología, las proporciones de su cuerpo, la cara, los ojos, las cejas, el color del cabello, el modo en que camina, en que se vuelve, en que dice hola, en que mira. Todo es nuevo, todo el territorio desconocido. Os gustaría investigar ese territorio; es tentador, muy tentador. Estáis atrapados, hipnotizados. Y cuando empezáis a acercaros, ella empieza a alejarse; eso es parte del juego. Cuanto más se aleja, más cautivadora se vuelve. Si simplemente dijera: «Sí, estoy lista», la mitad del entusiasmo moriría en ese mismo instante. De hecho, seríais *vosotros* quienes empezaríais a pensar cómo alejaros. Por ende, ella os brinda la oportunidad de perseguirla.

Hay dos tipos de seducción. Cuando un hombre seduce a una mujer, es enérgico. Lo intenta de todas las maneras, toma la iniciativa, pone una trampa, realiza todos los esfuerzos que puede. Una mujer seduce de un modo totalmente diferente. No toma la iniciativa, no pone ninguna trampa, no persigue al hombre; de hecho, finge no tener mucho interés. El hombre puede fallar, pero la mujer jamás falla... esa es la seducción femenina. Su trampa es muy sutil. No se puede huir de ella; carece de escapatorias. Y sin perseguiros, os persigue. Os obsesiona en sueños... jamás llama a vuestra puerta, pero os obsesiona en sueños; jamás muestra algún interés, pero se convierte en la fantasía más profunda de vuestro ser. Ese es el truco femenino.

HOMBRE Y MUJER

La energía femenina escapa. Ese es el juego. No es que una mujer realmente desee escapar; practica al juego del escape. Si un hombre aborda a una mujer y esta se encuentra preparada para irse a la cama con él, el hombre empezará a sentirse un poco preocupado. ¿Qué le pasa a la mujer? Porque no se ha ejecutado el juego. La belleza del amor no radica tanto en el amor como en el juego amoroso. Se realizan tantos esfuerzos... el cortejo. Pero este solo es posible si la mujer retrocede. Comprobadlo. Siempre que estéis hablando con una mujer, si os interesa, retrocederá y vosotros avanzaréis. Pero siempre hay una pared, de manera que la mujer choca contra la pared; entonces queda atrapada. Siempre avanza hacia la pared... ¡también eso es intencionado! Todo es intencional. Forma parte del juego, y es un juego hermoso.

La gente jamás se encuentra tan feliz como durante el cortejo, porque se trata de una persecución. Básicamente el hombre es un cazador, de modo que cuando la mujer es perseguida, y se aleja, tratando de esconderse, evitándolo, diciéndole que no, el hombre se enciende más y más. El desafío se torna intenso; hay que conquistar a la mujer. En ese momento está dispuesto a morir por ella, o a hacer lo que sea necesario, pero hay que conquistarla. Debe demostrar que no es un hombre corriente.

Pero una vez que están casados, entonces... porque todo el interés radicaba en la persecución, en lo desconocido, en que en apariencia la mujer era inconquistable. Pero, una vez que ha sido conquistada, ¿cómo se puede mantener el viejo interés? Como mucho se puede fingir, pero el viejo interés no se puede mantener.

¿**H**ABÉIS observado que la misma mujer que hoy es hermosa puede que mañana no lo sea, o que incluso se convierta en un incordio? Hoy os morís por conseguirla, ¡y mañana queréis moriros para deshaceros de ella! Es extraño... ¿qué fue de la belleza?

La belleza está en vuestro interior. Y cuando le concedéis a la mujer libertad para ser ella misma, o al hombre libertad para ser él mismo, funcionan como un espejo. En cuanto empezáis a decir: «Deberías ser esto o aquello», no permitís que el hombre o la mujer sean un espejo, comenzáis a convertirlos en una película virgen dentro de una cámara fotográfica.

Un espejo siempre está vacío, por eso puede seguir reflejando de forma continua, toda la eternidad. La película virgen se acaba solo en un reflejo, porque solo aferra ese reflejo. No es un espejo.

Si nuestras relaciones con las personas contuvieran esta gran comprensión, que al otro debería permitírsele libertad total para permanecer siendo lo que sea, quizá con cada momento se podría revelar más y más belleza. Cuando las personas no son posesivas entre sí sienten la belleza. En cuanto se casan, las cosas comienzan a ponerse difíciles, porque una nueva posesión hace acto de presencia. Y siempre veis lo que deseáis ver. Cuando la mujer no estaba disponible, representaba un desafío... y cuanto mayor el desafío, más hermosa era. Pero una vez que está encadenada, el desafío se ha perdido y la belleza desaparece. Lo más grandes amantes son aquellos que jamás se encuentran. El encuentro es una tragedia.

Parece que en la vida todo lo que os resulta hermoso solo es hermoso porque no es vuestro... la hierba es más verde del otro lado de la valla. No es la realidad, porque el vecino tiene el mismo problema... cuando ve vuestro jardín, la hierba es más verde. Es un espejismo que crea la distancia.

A los amantes que mejor les va en el mundo es a aquellos que no se conocen. Provocan las historias más románticas y hermosas... sin riñas ni peleas. Y jamás llegan a averiguar que «Esta no es la mujer para mí ni yo soy el hombre para esta mujer». Nunca alcanzan la suficiente intimidad para saber eso. Pero, por desgracia, la mayoría de los amantes llegan a casarse. Es el accidente más desdichado de la vida. Eso destruye toda la belleza; de lo contrario, habrían sido Laila y Majnu, Romeo y Julieta, Tristán e Isolda, grandes amantes de la historia. Pero esos grandes amantes jamás vivieron juntos en un apartamento de un dormitorio.

PRIMERO creáis a un hombre hermoso y luego os ponéis a perseguirlo. Y pasados unos días de vivir con un hombre o una mujer hermosos, todas las fantasías se desmoronan. De pronto sois conscientes, como si os hubieran engañado, de que esa mujer tiene un aspecto corriente. Y pensabais que era una Laila o Julieta, o pensabais que era un Majnu o Romeo, y de repente, después de unos días, los sueños se han evaporado y la mujer se ha vuelto corriente o el hombre se ha vuelto corriente; entonces os sentís disgustados, como si la otra persona os hubiera engañado. Nadie os ha engañado y nada ha desaparecido del hombre o la mujer; lo que se ha esfumado es vuestra propia fantasía... porque las fantasías no se pueden mantener. Podéis soñar con ellas, pero no podéis mantenerlas durante mucho tiempo.

¡Las fantasías son fantasías! De modo que si de verdad queréis continuar en vuestras fantasías, entonces, al ver a una mujer hermosa, alejaos de inmediato de ella todo lo que podáis. Entonces siempre la recordaréis como la mujer más hermosa del mundo. De esa manera la fantasía jamás entrará en contacto con la realidad. No se quebrará. Siempre podréis suspirar y cantar y llorar por la hermosa mujer... ¡pero nunca os acerquéis a ella!

Cuanto más os aproximéis, más realidad, más realidad objetiva, se revelará. Y cuando se produzca un choque entre la realidad objetiva y vuestra fantasía, desde luego ya sabéis quién saldrá derrotada: vuestra fantasía. No se puede vencer a la realidad objetiva.

El matrimonio debería tener lugar únicamente cuando la luna de miel ha llegado a su fin. Cuando dos personas, que se conocen bien, deciden estar juntas, no se trata de una cuestión de conquista ni de algo nuevo. No es que se deciden por el matrimonio porque quieren conocerse; se deciden por el matrimonio porque se conocen. Es algo totalmente diferente.

DESCUBRIMIENTO

SIEMPRE que dos personas se conocen, se crea un mundo nuevo. Por el solo hecho de conocerse cobra existencia un fenómeno nuevo, que antes no estaba, que nunca antes existió. Y a través de ese fenómeno nuevo las dos personas experimentan un cambio y una transformación.

Por separado, sois una cosa; juntos, de inmediato os transformáis en otra. Ha sucedido algo nuevo. Una mujer, cuando se convierte en amante, deja de ser la misma mujer. Un hombre, cuando se convierte en padre, deja de ser el mismo hombre. Nace un bebé, y en cuanto nace, la madre también nace. Eso jamás existió con anterioridad. La mujer existía, pero nunca la madre. Y una madre es algo absolutamente nuevo.

La relación es creada por vosotros, pero, a su vez, la relación os crea.

Cuando un hombre ha vivido con muchas mujeres, ha realizado muchas clases de trabajo —ha sido zapatero, carpintero, ingeniero, pintor y músico—, naturalmente es muy rico. Cada mujer con la que ha vivido le ha dado algo de color, y cada trabajo que ha ejecutado le ha abierto una puerta nueva a su ser. Despacio, despacio, están abriéndose muchas puertas hacia su ser; su conciencia se expande, se vuelve enorme, inmenso.

Sois vuestra propia experiencia. Por ende, experimentad más. Antes de asentaros, experimentad todo lo que os sea posible. La persona verdadera jamás se asienta; la persona verdadera siempre permanece sin hogar, una trotamundos, vagabunda del alma. Permanece continuamente en una búsqueda, preguntando, aprendiendo... nunca deja de aprender. No tengáis prisa por ser versados, continuad aprendiendo. Llegar a ser versado es feo, no abandonar jamás el aprendizaje posee una tremenda belleza y gracia, porque es la misma vida.

CUANDO conseguís libertad, al principio os precipitáis hacia ella. Empezáis a hacer todo tipo de cosas que siempre habéis querido hacer pero que no se os permitía. Luego las cosas no tardan en asentarse. Sois conscientes de que todas las mujeres son parecidas, igual que todos los hombres son parecidos. Quizá haya diferencias, pero son periféricas. Alguien tiene el pelo negro y alguien tiene el pelo rubio, alguien tiene ojos azules y alguien tiene ojos negros... solo diferencias periféricas.

Pero a medida que adquirís más y más conciencia de muchas personas, a medida que os relacionáis con muchas personas, una cosa se os vuelve absolutamente clara: que todos los hombres son parecidos —casi iguales— lo mismo que todas las mujeres. Entonces empezáis a asentaros. Entonces empezáis a asentaros con una mujer, con un hombre, en una relación más íntima. Emprendéis un tipo de viaje totalmente diferente, una nueva peregrinación de intimidad, una intimidad no impuesta. Cuanto más hondo queréis llegar a la otra persona, más tiempo se necesita, más paciencia y muchas clases de situaciones se necesitan.

El primer amor es realmente grande, porque es el primero... por lo demás es muy peligroso. Es el primero, por ende es muy romántico, pero el romance desaparecerá pronto. No va a convertirse en un cimiento estable; no va a convertirse en vuestro verdadero matrimonio.

Un hombre, antes de decidir casarse, debería haber conocido a muchas mujeres. Y la mujer debería haber conocido a muchos hombres. Solo entonces se puede elegir, solo entonces podéis sentir con quién estáis en sintonía. Solo entonces podéis entender con quién empezáis a elevaros.

Antes de poder comprometeros necesitáis tener una gran experiencia de otras personas. Pero ahora nuestra ideología sigue siendo anterior a la tecnología. En el pasado era peligroso, porque la mujer podía quedarse embarazada y habrían surgido problemas para ella, para la familia, para toda su vida. Por eso jamás se cuestionó que el hombre tuviera que llegar virgen al matrimonio. Sin embargo, para la mujer ha sido en todo el mundo un requisito absoluto ser virgen.

¿Por qué este doble rasero? ¿Por qué la mujer debería ser virgen? ¿Y por qué no el hombre? La respuesta que se da es que los chicos son chicos... ¿Y las chicas no son chicas?

Sencillamente se debía a que para la mujer no había una protección tecnológica. Pero ahora esa protección existe. Después de la invención del fuego, la píldora es la invención más grande del mundo. Y los más grandes revolucionarios no son nada comparados con la revolución que ha producido la píldora en el mundo.

Puede que no seáis conscientes de que la píldora ha cambiado el mundo... porque ha cambiado todo el código sexual.

Vivís en una era postecnológica. No es necesario que tengáis ideologías pretecnológicas; todas son dañinas. Otrora fueron necesarias, pero ya no. Solo entorpecen vuestro progreso; son cargas innecesarias. Las lleváis sin motivo y os perturban la vida.

Los hombres y las mujeres deberían conocerse, y no debería haber prisa alguna para casarse. Despacio, lentamente, aprenderéis el arte del amor, y también aprenderéis con quién existe una afinidad espiritual.

No existe necesidad para el matrimonio. Si amáis a una mujer, vivís con ella. Cuando el amor desaparece, os despedís con profunda gratitud: «Todos los días que pasé contigo fueron memorables. Los llevaré en mi mente, en mi memoria, como una hermosa fragancia. Me acompañarán como un sueño, un sueño hermoso. Pero ahora ha llegado el momento de que nos marchemos, gozosamente. A partir de ahora seremos amigos»... no hay necesidad de convertirse en enemigos.

Y ambos se cansan, es simplemente humano. La familia es inhumana. Os obliga a vivir con una mujer a la que odiáis. Os obliga a yacer con un hombre al que queréis matar. ¡Es prostitución, no es familia!

Mi definición de la prostitución es hacer el amor con una mujer a la que no se ama, hacer el amor con un hombre al que no se ama. Se trata simplemente de un caso de prostitución a largo plazo. Una prostituta está disponible solo por una noche; pagáis por ello. Vuestra esposa está disponible toda vuestra vida, y pagáis por ello. Es un acuerdo económico, financiero. Habéis comprado a la mujer para toda la vida.

Las personas deberían estar juntas por amor, únicamente por amor. Y en cuanto sientan que el amor ya no está, y que permanecer juntas es un foco de tensión y ansiedad, lo mejor es despedirse antes de que las cosas se tornen demasiado amargas. Marchaos a la primera señal de frustración, aburrimiento. Encontrad nuevos amigos.

DE acuerdo con mi visión, los matrimonios deberían ser disueltos. La gente puede vivir junta toda la vida si así lo quiere, pero no se trata de una necesidad legal. La gente debería moverse, tener tantas experiencias de amor como sea posible. No debería ser posesiva. Esto destruye el amor. Y tampoco debería ser poseída, porque también eso destruye el amor.

Todos los seres humanos son merecedores de ser amados. No hay necesidad de estar atado a una sola persona de por vida. Ese es uno de los motivos por los que todas las personas del mundo parecen aburridas. ¿Por qué no pueden reír? ¿Por qué no pueden bailar? Se hallan encadenadas con cadenas invisibles: el matrimonio, la familia, el marido, la esposa, los hijos. Están abrumados por todo tipo de deberes, responsabilidades, sacrificios. ¿Y queréis que sonrían y rían y bailen de alegría? Pedís lo imposible.

Haced que el amor de la gente sea libre, que las personas no sean posesivas. Pero esto solo puede suceder si en la meditación descubrís vuestro ser. No es algo a practicar. No os estoy diciendo: «Esta noche id con otra mujer como práctica». No obtendréis nada, y podéis llegar a perder a vuestra esposa. Y por la mañana pareceréis tontos. No es una cuestión de práctica, sino de descubrir vuestro ser. Con el descubrimiento del ser surge la calidad del amor impersonal. Entonces simplemente amáis. Y continúa extendiéndose. Primero a los seres humanos, poco después a los animales, pájaros, árboles, montañas, estrellas. Llega un día en que toda esta existencia es vuestra amada. Ese es vuestro potencial. Y cualquiera que no esté alcanzándolo desperdicia su vida.

EL matrimonio es un asunto espiritual, no un fenómeno físico, en absoluto. Es una sintonía espiritual. Estableceos solo cuando empecéis a sentir por alguna mujer o algún hombre que una gran música surge, que penetra algo del más allá. De lo contrario, no deberíais tener prisa.

INTIMIDAD

SI disfrutáis estando con alguien, os gustaría disfrutarlo más y más. Si disfrutáis de la intimidad, os gustaría explorar la intimidad más y más.

Y hay unas pocas flores de amor que florecen solo tras una larga intimidad. También hay flores de temporada; a las seis semanas se encuentran bajo el sol, pero pasadas otras seis semanas han desaparecido para siempre. Hay flores que tardan meses en aparecer, y otras que requieren muchos años. Cuanto más tiempo necesiten, más profundas son.

Pero ha de tratarse de un compromiso de un corazón a otro corazón. Ni siquiera necesita ser verbalizado, porque con ello se lo profana. Ha de tratarse de un compromiso silencioso; ojo a ojo, corazón a corazón, ser a ser. Ha de ser entendido, no dicho.

La intimidad con una mujer o un hombre es mejor que tener muchas relaciones superficiales. El amor no es una flor de temporada; necesita años para crecer. Y solo cuando crece va más allá de la biología, y empieza a tener algo de lo espiritual en su naturaleza. Estar con muchas mujeres o con muchos hombres os mantendrá superficiales... quizá satisfechos, pero superficiales; ocupados, desde luego, pero no de un modo que os vaya a ayudar en el crecimiento interior. Pero una relación de uno a uno, sostenida para que podáis comprenderos de manera más personal, aporta un beneficio tremendo.

¿Por qué es así? ¿Cuál es la necesidad de comprender a la mujer o al hombre?

Se debe a que todo hombre tiene una parte femenina en su ser, y toda mujer una parte masculina en su ser. El único modo de entenderla, el más sencillo, el más natural, es mantener una relación profunda e íntima con alguien. Si sois hombres, mantened una relación profunda e íntima con una mujer. Dejad que se desarrolle la confianza, para que todas las barreras se disuelvan. Acercaos tanto el uno al otro para que podáis mirar en lo más hondo de la mujer y la mujer en lo más hondo de vosotros. No seáis deshonestos con el otro.

Si estáis teniendo muchas relaciones al mismo tiempo, seréis deshonestos, no dejaréis de mentir. Tendréis que mentir, que ser insinceros, tendréis que decir cosas que no queréis... y todas serán sospechosas. Resulta muy difícil crear confianza con una mujer si mantenéis alguna otra relación. Es fácil engañar a un hombre, porque él vive a través del intelecto; pero es muy difícil, casi imposible, engañar a una mujer, porque vive intuitivamente. No seréis capaces de mirarla directamente a los ojos; tendréis miedo de que comience a leeros el alma y todas las cosas engañosas y deshonestas que ocultáis.

De modo que si estáis teniendo muchas relaciones, no podréis sumergiros en profundidad en la psique de la mujer. Y eso es lo único que se requiere: conocer vuestra propia parte femenina interna.

HOMBRE Y MUJER

La relación se convierte en un espejo. La mujer empieza a mirar en vosotros y comienza a encontrar su propia parte masculina; el hombre mira en la mujer y empieza a descubrir su propia feminidad. Y cuanto más conscientes seáis de vuestra feminidad —el otro polo—, más completos podéis ser, más integrados. Cuando vuestro hombre interior y mujer interior han desaparecido en el otro, se han disuelto en el otro, cuando ya no están separados, cuando se han convertido en un todo integrado, os habéis convertido en un individuo. Carl Gustav Jung lo llama el proceso de individuación.

Jugar con muchas personas os mantendrá superficiales, entretenidos, ocupados, pero sin crecer; y lo único que importa en última instancia es el crecimiento, el crecimiento de la integración, de la individualidad, de un centro en vosotros. Y ese crecimiento necesita que conozcáis a vuestra otra parte.

Intentad encontrar en el otro el ser verdadero que está oculto. No deis por hecho a nadie. Cada individuo es tal misterio que si continuáis indagando en él descubriréis que es interminable.

EL VIAJE DE DESCUBRIMIENTO

HOMBRE Y MUJER

UNA relación significa algo completo, acabado, cerrado. El amor jamás es una relación; el amor es una unión. Siempre es un río que fluye sin fin. El amor no conoce un freno completo; la luna de miel empieza pero nunca acaba.

No es como una novela que comienza en determinado punto y termina en determinado punto. Se trata de un fenómeno en curso. Los amantes terminan, el amor prosigue. Es algo continuo. Es un verbo, no un sustantivo. ¿Y por qué reducimos la belleza de la unión a la relación? ¿Por qué tenemos tanta prisa? Porque unirse es inseguro y la relación es una seguridad, la relación posee una certeza. Unirse es el simple encuentro de dos desconocidos, quizá algo que dura una noche para despedirnos por la mañana. ¿Sabemos qué va a pasar mañana? Y tenemos tanto miedo que queremos convertirlo en una certidumbre, queremos que sea predecible. Nos gustaría que el mañana estuviera de acuerdo con nuestras ideas; no le brindamos libertad para que se exprese como es. De modo que de inmediato reducimos cada verbo a sustantivo.

Estáis enamorados de un hombre o una mujer y de inmediato empezáis a pensar en casaros. En hacer que sea un contrato legal. ¿Por qué? ¿Cómo es que la ley entra en el amor? Lo hace porque el amor no está presente. Solo se trata de una fantasía y sabéis que la fantasía desaparecerá. Pero antes de que desaparezca, asentaos; antes de que desaparezca, haced algo para que sea imposible de separar.

En un mundo mejor, con personas más meditativas, con un poco más de iluminación en la Tierra, la gente amaría, amaría inmensamente, pero su amor seguiría siendo una unión, no una relación. Y no digo que ese amor llegará a ser únicamente momentáneo. Existen todas las posibilidades de que ese amor sea más profundo que el vuestro, que posea una cualidad más elevada de intimidad, que tenga más poesía y más de Dios en él. Y existe toda la posibilidad de que ese amor dure más de lo que vuestra así llamada relación pueda llegar a durar jamás. Pero no lo garantizaría la ley, ni los tribunales ni la policía.

La garantía sería interior. Sería un compromiso desde el corazón, una comunión silenciosa.

HOMBRE Y MUJER

OLVIDAD las relaciones y aprended a relacionaros. En cuanto estáis en una relación empezáis a dar por hecho al otro. Eso es lo que destruye todas las aventuras amorosas. La mujer piensa que conoce al hombre, el hombre piensa que conoce a la mujer. Ninguno conoce al otro. Es imposible conocerlo, ya que sigue siendo un misterio. Y tomar al otro por sentado es un insulto, una falta de respeto.

Pensar que conocéis a vuestra esposa es muy, muy desagradecido. ¿Cómo podéis conocer a la mujer? ¿Cómo podéis conocer al hombre? Son procesos, no cosas. La mujer que conocíais ayer no está aquí hoy. Por el Ganges ha pasado mucha agua; ella es otra persona, completamente diferente. Volved a relacionaros, empezad otra vez, no lo deis por hecho.

El hombre con el que os acostasteis anoche... volved a mirarlo a la cara por la mañana. Ya no es la misma persona, tanto ha cambiado. Tanto, incalculablemente tanto ha cambiado. Esa es la diferencia que hay entre una cosa y una persona. El mobiliario en la habitación es el mismo, pero el hombre y la mujer ya no son los mismos. Explorad de nuevo, empezad otra vez. Eso es lo que quiero decir con relacionaros.

HOMBRE Y MUJER

RELACIONARSE quiere decir que siempre estáis empezando, continuamente tratáis de conoceros. Una y otra vez os presentáis al otro. Tratáis de ver las muchas facetas de la personalidad del otro. Intentáis penetrar más y más hondo en su reino de sentimientos interiores, en los profundos recovecos de su ser. Intentáis desentrañar un misterio, que no se puede desentrañar.

Ese es el gozo del amor: la exploración de la conciencia. Y si os relacionáis, y no reducís eso a una relación, entonces la otra persona se convertirá en un espejo para vosotros. Al explorarla, no sois conscientes de que también os exploráis a vosotros. Al profundizar en el otro, conociendo sus sentimientos, sus pensamientos, sus remordimientos más hondos, estaréis conociendo también los vuestros. Los amantes se convierten en espejos y entonces el amor se convierte en una meditación. Una relación es algo feo, relacionase es algo hermoso.

En una relación ambas personas se vuelven ciegas a la otra. Pensad. ¿Cuánto tiempo ha pasado desde la última vez que mirasteis a vuestra esposa a los ojos? ¿Cuánto tiempo ha pasado desde la última vez que visteis a vuestro marido? Quizá años. ¿Quién mira a su propia esposa? Ya habéis dado por hecho que la conocéis. ¿Qué más hay para mirar? Os interesan más los desconocidos que las personas que conocéis, pues ya estáis al corriente de toda la topografía de sus cuerpos, sabéis cómo responden, sabéis que todo lo que ha pasado va a pasar de nuevo una y otra vez. Es un círculo repetitivo.

No es así, en realidad no lo es. Jamás se repite algo; todo es nuevo cada día. Lo que pasa es que vuestros ojos envejecen, vuestras suposiciones envejecen, vuestro espejo acumula polvo y os volvéis incapaces de reflejaros mutuamente.

Cuando digo relacionaros, me refiero a que permanezcáis continuamente en una luna de miel. Continuad buscándoos, encontrando maneras nuevas de amaros, de estar juntos. Cada persona es un misterio infinito, inagotable, insondable, de modo que no es posible que alguna vez podáis decir: «La he conocido», o: «Lo he conocido». Como mucho podréis decir: «He intentado todo lo que he podido, pero el misterio sigue siendo un misterio».

De hecho, cuanto más conocéis, más misteriosa se vuelve la otra persona. Entonces el amor es una aventura constante.

Si sois capaces de encontrar la intimidad, la intimidad espiritual con un hombre o con una mujer, entonces habrá una unión natural que no requiere ninguna ley que la refuerce. Entonces experimentaréis un gozo espontáneo por estar juntos. Mientras dure, magnífico; cuando desaparezca, no tendrá sentido seguir juntos... ¡ninguno en absoluto! Porque de ese modo os estaréis aplastando, matándoos; en ese caso sois masoquistas o sádicos... sois neuróticos.

No existe necesidad para el matrimonio. Si amáis a una mujer, vivís con ella. Cuando el amor desaparece, os despedís con profunda gratitud: «Todos los días que pasé contigo fueron memorables. Los llevaré en mi mente, en mi memoria, como una hermosa fragancia. Me acompañarán como un sueño, un sueño hermoso. Pero ahora ha llegado el momento de que nos marchemos, gozosamente. A partir de ahora seremos amigos»... no hay necesidad de convertirse en enemigos.

Si mi idea algún día prevalece —lo cual parece muy difícil, porque el hombre se ha acostumbrado tanto a los papeles muertos que ha olvidado cómo vivir—, si algún día la *vida* prevalece y el hombre se vuelve lo bastante valeroso como para vivir peligrosamente, entonces habrá verdaderos matrimonios, encontraréis a muchos espíritus afines juntos.

Solo mediante vuestra propia experiencia —no por lo que dicen los budas, no por lo que digo yo—, solo mediante vuestra propia experiencia algún día seréis capaces de ir más allá de todas las relaciones. Entonces podréis ser felices solos. Y aquel que puede ser feliz solo es *realmente* un individuo. Si vuestra felicidad depende de otro, sois esclavos; aún no sois libres, estáis en cautiverio.

Cuando sois felices solos, cuando podéis vivir con vosotros mismos, no existe la necesidad intrínseca de mantener una relación. Eso no significa que no vayáis a relacionaros. Pero relacionarse es una cosa y otra muy distinta mantener una relación. Os relacionaréis con muchas personas, compartiréis vuestro júbilo con mucha gente, pero no dependeréis de nadie en particular y no dejaréis que nadie más dependa de vosotros. No seréis dependientes, y no permitiréis que nadie sea dependiente de vosotros. Entonces viviréis con libertad, con gozo, con amor.

AMOR

¿Qué pasa cuando una flor florece en lo más profundo de un bosque, sin nadie que la aprecie, nadie que conozca su fragancia, que realice un comentario y diga «hermosa», nadie que pruebe su belleza y gozo, nadie que la comparta... qué pasa con la flor? ¿Muere? ¿Sufre? ¿Se asusta? ¿Se suicida? Continúa floreciendo, sencillamente continúa floreciendo. No marca ninguna diferencia que alguien pase junto a ella o no; es irrelevante. Prosigue extendiendo su fragancia al viento. Sigue ofreciéndole su júbilo a Dios, al todo.

El amor es un lujo. Es abundancia. Es tener tanta vida como para no saber qué hacer con ella, de modo que la compartís. Es albergar tantas canciones en el corazón que tenéis que cantarlas... que alguien os escuche es irrelevante. Si nadie escucha, entonces también tendréis que cantarlas, tendréis que bailar vuestra danza.

El otro puede tenerlas, puede perdérselas... pero en lo que a vosotros atañe, fluye y rebosa.

El amor acontece solo cuando estáis maduros. Sois capaces de amar únicamente cuando sois adultos. Cuando sabéis que el amor no es una necesidad, sino un desbordamiento. Entonces dais sin ninguna condición.

Cuando dependéis del otro siempre hay desdicha. En cuanto dependéis, comenzáis a sentiros desgraciados, porque la dependencia es esclavitud. Entonces empezáis a vengaros de maneras sutiles, porque la persona de la que tenéis que depender se vuelve poderosa. A nadie le gusta que alguien tenga poder sobre ellos, a nadie le gusta depender; porque la dependencia mata la libertad y el amor no puede florecer con la dependencia. El amor es una flor de libertad: necesita espacio, necesita espacio absoluto. El otro no tiene que interferir con él. Es muy delicado.

HOMBRE Y MUJER

Si el hombre tiene derecho a realizar sus sueños, la mujer tiene el mismo derecho a realizar los suyos. Y cuando habéis decidido estar juntos, se convierte en algo parecido a un deber sagrado ir con cuidado para no pisotear los sueños del otro.

Nada duele más que cuando se aplasta un sueño, cuando muere una esperanza, cuando el futuro se torna oscuro, cuando todas las grandes ideas que habéis creído que conformaban vuestra vida parecen imposibles porque esa mujer, o ese hombre, continuamente destruye vuestro estado de ánimo, vuestra paz, vuestro silencio.

La vida tiene tesoros inmensos, que permanecen desconocidos a las personas porque estas carecen de tiempo. Todo su tiempo está dedicado a librar una especie de batalla con alguien: el otro. El otro contiene la totalidad del mundo. Y la mayor calamidad que sucede es que cuando estáis peleando con el otro, despacio, muy despacio, os olvidáis de vosotros mismos. Toda vuestra concentración pasa a ser el otro, y cuando pasa eso, estáis perdidos. Entonces, ¿cuándo vais a recordaros a vosotros mismos? ¿Cuándo vais a encontrar vuestra fuente de vida más interior? ¿Cuándo vais a buscar la belleza, la verdad, la poesía y el arte? Os perderéis todo, por el simple hecho de pelearos con un hombre o una mujer.

Dos personas se encuentran, eso significa que dos mundos se encuentran. No se trata de algo sencillo, sino muy complejo, lo más complejo que hay. Cada persona es un mundo en sí misma, un misterio complejo con un largo pasado y un futuro eterno.

Al principio solo se encuentran las periferias. Pero si la relación se torna íntima, se vuelve más profunda, entonces comienza a producirse el encuentro de los centros. Cuando los centros se encuentran, se llama amor.

EL amor es algo muy raro. Reunirte con una persona en su centro significa que vosotros mismos pasáis por una revolución, porque si queréis encontraros con una persona en su centro, tendréis que permitir que esa misma persona alcance también vuestro centro. Tendréis que volveros vulnerables, absolutamente vulnerables, abiertos.

Es arriesgado. Permitir que alguien llegue a vuestro centro es arriesgado, peligroso, porque nunca sabéis qué os hará esa persona. Y una vez que todos vuestros secretos son conocidos, una vez que vuestro ser oculto ha dejado de estarlo, una vez que quedáis expuestos por completo, nunca sabéis qué hará la otra persona. El miedo está ahí. Por eso jamás nos abrimos.

No consideréis el conocimiento de alguien como amor. Puede que estéis haciendo el amor, puede que estéis sexualmente relacionados, pero el sexo también es periférico. A menos que los centros se encuentren, el sexo es solo el encuentro de dos cuerpos. Y el encuentro de dos cuerpos no es vuestro encuentro. El sexo sigue siendo un conocimiento... físico. Podéis permitir que alguien entre en vuestro centro solo cuando no tenéis miedo, cuando no estáis temerosos.

Hay dos tipos de formas de vivir. Una: orientada por el miedo. Otra: orientada por el amor. La vida orientada por el miedo jamás puede conduciros a una relación profunda. Permanecéis temerosos, y al otro no se le puede permitir que penetre hasta el núcleo de vuestro ser. Permitís que entre hasta cierto punto y luego surge el muro y todo se detiene.

La persona orientada por el amor es la persona religiosa. Ser así significa que no se teme al futuro, que no se teme el resultado ni la consecuencia, que se vive en el aquí y el ahora.

El amor es un florecimiento muy raro. A veces sucede. Es raro porque solo puede suceder cuando no hay temor, nunca antes. Eso significa que el amor solo puede sucederle a una persona profundamente espiritual y religiosa. El sexo es posible para todos. El conocimiento es posible para todos. No el amor.

Cuando no tenéis miedo, no hay nada que ocultar y podéis ser abiertos, podéis retirar todos los límites. Entonces podéis invitar al otro a penetrar hasta vuestro mismo núcleo.

Y recordad, si permitís que alguien penetre en vosotros profundamente, el otro os permitirá lo mismo, porque cuando permitís que alguien os penetre se crea confianza. Cuando no tenéis miedo, el otro se vuelve intrépido.

¿Qué es el miedo? ¿Por qué tenéis tanto miedo? Aunque se supiera todo sobre vosotros y fuerais un libro abierto, ¿por qué temer? ¿En qué puede dañaros? Solo son falsas concepciones, simples condicionamientos creados por la sociedad para que os ocultéis, para que os protejáis, para que estéis constantemente en un estado de ánimo combativo, para que veáis a todos como enemigos, que creáis que todos están en contra de vosotros.

¡Nadie está en contra de vosotros! Aunque sintáis que alguien lo está, no es así... porque cada uno está ocupado consigo mismo, no con vosotros. No hay nada que temer. Debéis comprenderlo antes de que pueda acontecer una verdadera relación. No hay nada que temer.

Meditad en ello. Y luego dejad que el otro penetre en vosotros, invitadlo a hacerlo. No creéis barrera alguna en ninguna parte, convertíos en un pasaje siempre abierto, sin cerraduras, sin puertas cerradas. Entonces el amor es posible.

CUANDO dos centros se encuentran, hay amor. Y el amor es un fenómeno alquímico... del mismo modo en que el hidrógeno y el oxígeno se encuentran y crean una cosa nueva, agua. Podéis tener hidrógeno, podéis tener oxígeno, pero si tenéis sed, os resultarán inútiles. Podéis tener tanto oxígeno como queráis, tanto hidrógeno como os apetezca, pero la sed no se irá.

Cuando dos centros se encuentran se crea una cosa nueva. Esa cosa nueva es amor. Y es como el agua, en que la sed de muchas, muchas vidas queda satisfecha. De pronto estáis ahítos. Esa es la señal visible del amor; quedáis satisfechos, como si hubierais logrado todo. Ya no queda nada por alcanzar; habéis llegado a vuestro objetivo. No queda ninguna meta, el destino está realizado. La semilla se ha convertido en una flor, ha alcanzado su florecimiento total.

La satisfacción profunda es la señal visible del amor.

Siempre que sintáis la belleza —en el sol naciente, en las estrellas, en las flores o en la cara de una mujer o de un hombre—, allí donde sintáis la belleza, observad. Siempre encontraréis una cosa: habéis funcionado sin la mente, habéis funcionado sin ninguna conclusión, simplemente habéis funcionado de forma espontánea. El momento se apoderó de vosotros con tanta profundidad que quedasteis aislados del pasado.

Y cuando quedáis aislados del pasado, automáticamente quedáis aislados del futuro, porque pasado y futuro son dos aspectos de la misma moneda; no están separados y tampoco son separables.

PODÉIS echar una moneda: a veces sale cara, otras cruz, pero la otra parte siempre está ahí, escondida detrás. Pasado y futuro son dos aspectos de la misma moneda.

El nombre de la moneda es mente. Cuando se deja caer toda la moneda, el resultado es inocencia. Entonces no sabéis quiénes sois ni lo que es; no existe conocimiento.

Pero vosotros sois, la existencia es, y el encuentro de esos dos elementos —el pequeño que sois vosotros con el infinito de la existencia—, ese encuentro, esa fusión, es la experiencia de la belleza.

La inocencia es la puerta; a través de la inocencia entráis en la belleza. Cuanto más inocentes os volvéis, más parte de la existencia se vuelve hermosa.

UN gran malentendido continúa en el mundo, que el amor es limitado. La gente piensa: «Si amo a dos personas, entonces el amor quedará dividido; si amo a tres, quedará aún más dividido. Si amo a cinco, entonces cada una recibirá una parte muy pequeña». No es así. El amor no es una cantidad. De hecho, cuanto más ama un hombre, más tiene. El amor no se rige por la corriente ley de la economía. El amor no es dinero, no es propiedad. El amor no es una cantidad. El amor es un fenómeno completamente diferente.

HOMBRE Y MUJER

Si intentáis penosamente satisfacer el ego, no estáis interesados en compartir, porque compartir es un acto de amor. Y no es que no vaya a producirse un reconocimiento si compartís... pero esa no es la cuestión. De hecho, si compartís, encontraréis mucho reconocimiento, pero no lo estáis buscando; no ibais detrás de él. Si sucede, está bien; si no sucede, es lo mismo. Queréis compartir. Vuestra felicidad radica en compartir, no en los efectos secundarios que ello pueda tener; no en el resultado, no en el fin, sino en el mismo acto.

Por ejemplo, amáis a un hombre o a una mujer. Mientras amáis, os tomáis de la mano u os abrazáis. El propio acto en sí mismo es el fin, no es que tratáis de demostrar que sois un hombre; no es que la mujer luego os vaya a decir que sois unos estupendos amantes. Si amáis a una mujer por el simple hecho de oír de sus labios que sois unos grandes amantes, no la habéis amado en absoluto. Pero si amáis a una mujer, ¿a quién le importa lo que diga? Lo que sienta en el momento de compartir es lo que cuenta, lo verdadero; es suficiente en sí mismo.

Si una mujer ama a un hombre y lo ama solo como un medio, para que luego él pueda decir: «Qué hermosa eres», lo que busca es reconocimiento por su belleza. Ese es un esfuerzo del ego, un acto de vanidad, pero no hay amor en él. Y la mujer no puede ser hermosa.

Si ella ama y comparte su ser, en ese acto es hermosa. Ni siquiera existe la necesidad de decirlo. Si alguien lo dice, perfecto; si alguien no lo hace, eso no significa que no se haya dicho, porque hay maneras más profundas de decir las cosas. A veces permanecer en silencio es el único modo de hablar.

Durante siglos ha prevalecido un concepto equivocado: que los amantes deberían gustarse de todos los modos posibles. Eso es absurdo. Los amantes deberían dejarlo claro: «Estas son las cosas que no me gustan». Ambos deberían dejar claro que: «Estas son las cosas que no me gustan y estas son las que me encantan». Y no hay necesidad de pelear al respecto todos los días, porque esa pelea no va a modificar nada. Han de aprender a aceptar aquello que no les gusta... una especie de coexistencia, una tolerancia. Esto es para los amantes que no están despiertos.

Un amor consciente es algo completamente diferente. No tiene nada que ver con el amor como tal, tiene que ver con la meditación, lo cual os hace conscientes. Y a medida que os volvéis más y más conscientes, cobráis conciencia de muchas cosas. Una: que no es el objeto de amor lo que resulta de importancia. Lo que importa es vuestra cualidad para amar, vuestro cariño, porque estáis tan lleno de amor que os gustaría compartirlo. Y ese acto ha de ser incondicional. No podéis decir: «No lo compartiré si tienes la nariz torcida». ¿Qué tiene que ver compartir con las narices? El amor consciente cambia toda la situación.

El amor inconsciente se centra en el objeto de amor. El amor consciente se centra en uno mismo, es vuestro afecto.

El amor inconsciente siempre va dirigido a una persona; de ahí que en todo momento haya celos, porque la otra persona también sabe que el amor inconsciente siempre está centrado en una persona, que no se puede compartir. Si empezáis a amar a otro, eso significa que habéis dejado de amar a la primera persona. Esos son celos, el miedo constante de que vuestro amante va a empezar a amar a otra persona... como si el amor fuera una cantidad.

El amor consciente es una cualidad, no una cantidad. Es más como la amistad: más profundo, más elevado, con más fragancia, pero similar a la amistad.

PODÉIS ser amigables con muchas personas, no hay lugar para los celos. No importa que os mostréis amigables con seis o diez personas, con diez mil; nadie próximo a vosotros se sentirá desposeído porque queráis a tanta gente y crea que su parte de amor va a ser cada vez menos. Todo lo contrario, a medida que sois capaces de querer a más gente, vuestra calidad de amor se vuelve enorme. De modo que aquel a quien améis recibirá más amor si vuestro amor es compartido por muchas personas. Muere si se ve reducido. Se torna más vivaz si es extendido sobre una vasta zona... cuanto más grande, más profundas son sus raíces. La conciencia le aporta a todo una transformación. Vuestro amor ya no va dirigido a nadie en particular. No significa que dejáis de amar. Simplemente que os convertís en amor, sois amor, vuestro mismo ser es amor, vuestra respiración es amor, vuestras palpitaciones son amor. Despiertos sois amor, dormidos sois amor.

El amor no conoce celos, el amor no conoce quejas. El amor es una comprensión profunda. Amáis a alguien... lo cual no significa que el otro también debería amaros. No se trata de un contrato. Intentad comprender el significado del amor. Pero no podréis hacerlo mediante vuestros así llamados asuntos amorosos.

Extrañamente, comprenderéis el significado del amor sumiéndoos en una meditación profunda, siendo más silenciosos, estando más serenos, más relajados. Empezaréis a emanar cierta energía. Os volveréis cariñosos y conoceréis las hermosas cualidades del amor.

El amor sabe decir sí, también sabe decir no. No es ciego.

Pero ha de salir de vuestra meditación... solo entonces el amor tiene ojos; de lo contrario es ciego.

Y a menos que el amor tenga ojos, carece de valor. Os va a crear cada vez más problemas, porque dos personas ciegas con expectativas ciegas no solo van a duplicar los problemas de la vida, sino que van a multiplicarlos.

De modo que estad silenciosos y alerta. Sed amorosos.

Podéis decir que no con gran amor. Una negativa no significa que sois indiferentes; una afirmación no significa que sois amorosos. A veces el sí puede significar que simplemente tenéis miedo, que surge del temor. Así que no necesariamente es que el amor signifique sí y que no podáis decir que no.

El amor con ojos sabe cuándo decir no, cuándo decir sí.

El amor ni interfiere en la vida de alguien ni permite que nadie interfiera en la vida propia. El amor brinda individualidad a los demás, pero sin perder la propia.

SOLEDAD

HOMBRE Y MUJER

Las personas tienen la necesidad de estar juntas y también la necesidad de separarse y estar solas. Es un ritmo. Estar mucho tiempo juntos es agotador. Y no significa que el otro no os ama; eso es un malentendido. Si quiere estar solo durante unas horas, si quiere que lo dejen tranquilo, no significa que no esté enamorado de vosotros. Simplemente quiere decir que os ama; por eso necesita el espacio...

SIEMPRE que uno de los dos quiere estar solo, el otro se siente rechazado. Se dice: «No me necesita. Hay momentos en que quiere estar más consigo mismo que conmigo». Y los amantes no pueden entender eso. «¿Cómo puede ser que necesite estar más consigo mismo que conmigo? Si me amara, entonces le gustaría estar conmigo.»

Ese es un malentendido muy viejo creado por los poetas románticos, que son las últimas personas en entender algo acerca del amor. Jamás entenderéis nada sobre el amor a través de los poetas; son las últimas personas en tener alguna percepción sobre el amor. De hecho, escriben poesía sobre el amor porque en su vida se han perdido el amor; es un sustituto. Lo vuelven un tema romántico.

EN la conciencia humana ha arraigado profundamente la idea de que si amáis a una persona entonces ella os amará las veinticuatro horas del día. Son tonterías. Si de verdad amáis a una persona, entonces habrá momentos en que os gustará estar absolutamente a solas. Si no amáis, podéis vivir juntos las veinticuatro horas del día... entonces no hay ningún problema, porque incluso con la otra persona estáis solos.

Se puede vivir entre la multitud las veinticuatro horas del día sin experimentar gran problema, porque entre ella se está solo. ¿En qué otra parte se puede estar más solo? Al viajar en metro con miles de personas se está solo. En cuanto os encontráis con un amigo a quien se quiere, ya no estáis solos. Ese es el significado del amor: estáis juntos.

Cuando estáis juntos, a veces os gustaría estar solos, porque cada cosa se mueve con un ritmo. Es igual que cuando coméis, que no podéis hacerlo las veinticuatro horas; debéis disfrutar de un espacio de seis, ocho horas. Entre dos comidas ayunáis durante seis u ocho horas.

El amor es comida, es un alimento. De modo que cuando amáis a una persona llega un momento en que quedáis saturados, saciados. Ese es el momento de levantarse de la mesa. De hecho, antes —si los amantes son conscientes, como deberían serlo—, antes de tener el estómago lleno, levantaos. Dejad un poco de espacio. La misma regla debería aplicarse con vuestro amante: cuando empecéis a considerar que se acerca un punto de saciedad, dejaos solos; de lo contrario, más allá de ese punto se torna insoportable.

NADIE lo comenta, porque resulta muy duro y feo decirle al amante que estar juntos se vuelve insoportable. Pero he de contaros la verdad. La verdad es: este es el punto en que estar juntos se vuelve insoportable... y solo se llega a ese estado cuando estáis enamorados, de lo contrario, no. Porque enamorados os coméis mutuamente, de verdad, literalmente: os alimentáis con la energía del otro. Por eso el amor nutre tanto. Pero entonces llega un punto más allá del cual, si seguís comiendo, tendréis que vomitar. Ese vómito es la lucha, el enfrentamiento.

Y el problema es más acuciante con los hombres que con las mujeres; también hay que entender eso. El amor de un hombre únicamente es parte de su vida; tiene otras muchas cosas que hacer. El amor de una mujer es toda su vida. Si hace algo más, solo se debe a que ama... cocina, arregla el hogar, limpia; se dedica a hacer mil y una cosas. Quizá componga música, escriba poesía, pinte, pero en lo más hondo lo hace porque ama. Esas son simplemente sus expresiones de amor. Si ama al hombre, entonces pintará las paredes, colgará cuadros y dejará la casa hermosa. Pero su principal preocupación no radica en la belleza de la casa, sino en el hombre al que ama.

HOMBRE Y MUJER

El amor es toda la vida de una mujer. Para un hombre, no es así. Para el hombre el amor es una de muchas cosas. Le gustaría escribir poesía, no porque ama; le gustaría pintar, no porque ama... los cuadros poseen sus propios valores absolutamente aislados del amor. Cansado de la pintura, de la música, le gustaría caer profundamente en el amor en una especie de olvido; ese es su reposo. Comprobad las diferencias: el amor de un hombre es su lugar de reposo. Cuando está cansado del mundo, de mil y una cosas, quiere penetrar en la energía de una mujer, en su calidez, y desaparecer.

Pero recordad: solo ama para descansar y poder volver a pintar, escribir poesía, interpretar música o bailar. Para él, el amor es una necesidad básica para hacer otras cosas. Para las mujeres es simplemente lo opuesto: ella hará otras cosas debido a que ama. Si no ama, dejará de hacer las cosas.

Con el hombre, si fuera una elección de amor o poesía, elegiría la poesía; puede renunciar al amor, pero no a la poesía. No se trata de ninguna coincidencia que tantos grandes científicos, poetas, todos los grandes místicos, fueran personas solteras. Por necesidad tuvieron que permanecer sin casarse, porque la exigencia de la mujer es de amor total y ya estaban comprometidos totalmente con otra cosa. Pueden amar a la mujer y disfrutarán del amor, pero no pueden elegir a la mujer por encima de la pintura... eso es imposible. Preferirían elegir la pintura y dejar que su amor sufra.

HOMBRE Y MUJER

Tenéis que realizar una distinción entre dos mundos: solitario y solo. En el diccionario muestran el mismo significado, pero aquellos que han meditado conocen la distinción. No es lo mismo, son tan diferentes como pueden serlo. La soledad es una cosa fea, depresiva... es una tristeza, una ausencia del otro, os gustaría que el otro estuviera ahí, pero no está y lo sentís y lo echáis de menos. No estáis ahí en soledad, la ausencia del otro os acompaña.

¿Solos? Es algo totalmente diferente. *Vosotros* estáis ahí, es vuestra presencia. Se trata de un fenómeno positivo: no echáis de menos al otro, os conocéis a vosotros mismos.

Cuando estáis solos, solos como en una cumbre, es de una belleza tremenda. A veces incluso sentís terror, pero posee belleza. Vuestra presencia es lo básico: estáis presentes ante vosotros mismos. No estáis solitarios, sino con vosotros mismos.

Solos, no estáis solitarios, estáis con vosotros. Solitarios, simplemente estáis solitarios... no hay nadie. No estáis con vosotros y echáis de menos al otro. La soledad es negativa, una ausencia; estar solos con uno mismo es positivo, hay una presencia.

HOMBRE Y MUJER

Si estáis solos, crecéis, porque hay espacio para crecer... no hay nadie más que os obstruya, que os entorpezca, nadie más para crear problemas más complejos. Solos crecéis, y en la medida que deseéis hacerlo, podréis crecer, porque no hay límite. Sois felices estando con vosotros mismos, y surge la bendición de la felicidad. No hay comparaciones, porque el otro no se encuentra ahí. No sois ni hermosos ni feos, ni ricos ni pobres, ni esto ni aquello, ni blancos ni negros, ni hombre ni mujer. Solos, ¿cómo podéis ser hombre o mujer? Solitarios, sois una mujer o un hombre, porque el otro falta. Solos, no sois nadie, estáis vacíos, vacíos por completo del otro.

Y recordad, cuando el otro no está, el ego no puede existir: existe con el otro. Bien presente o bien ausente, el otro es necesario para el ego. Para sentir el «yo» se necesita al otro, un límite del otro. Separados de los vecinos por vallas, siento el «yo». Cuando no hay vecinos, ni vallas, ¿cómo podéis sentir el «yo»? Estaréis ahí, pero sin ego. El ego solo existe en la relación.

HOMBRE Y MUJER

Dos personas solas se relacionan, se comunican, comulgan y, sin embargo, permanecen solas. Su soledad sigue sin contaminarse, sigue siendo virgen, pura. Son como cumbres, cumbres del Himalaya, altas, por encima de las nubes. Jamás dos cumbres llegan a reunirse, aunque existe una especie de comunión a través del viento, de la lluvia, de los ríos, del sol y de las estrellas. Sí, hay una comunión; tiene lugar mucho diálogo. Se susurran, pero su soledad permanece absoluta, nunca transige.

Todos los Budas son independientes. Aunque estén entre la multitud, se encuentran solos. Aunque estén en el mercado, no se encuentran allí. Aunque se relacionen permanecen separados. Hay una especie de distancia sutil que siempre está ahí. Y esa distancia es libertad, es un gran júbilo, esa distancia es vuestro propio espacio.

Celebrad la soledad, celebrad vuestro puro espacio y una gran canción surgirá en vuestro corazón. Y será una canción de percepción, de meditación. Será la canción de un ave sola que llama desde la distancia... no llama a alguien en particular, sino que lo hace porque su corazón está lleno y quiere llamar, porque la nube está llena y quiere llover, porque la flor está llena y los pétalos se abren y la fragancia queda liberada... sin una meta fija. Dejad que vuestra soledad se convierta en una danza.

COMUNIÓN

La penetración física es sexo, lo cual es algo muy superficial. La penetración psicológica es amor, que es mucho más profundo, importante, hermoso y humano. Lo primero es animal, lo segundo es humano. Y luego hay una tercera clase de penetración: cuando dos conciencias se encuentran, funden, fusionan. A eso lo llamo oración.

Avanzad hacia la oración, porque solo la oración os proporcionará una satisfacción real. Solo la oración os hará ser conscientes de la divinidad de la otra persona, de su santidad. Y al ver la santidad de la otra persona, de vuestra persona amada, cobraréis conciencia de vuestra santidad.

El amor es un espejo. Una verdadera relación es un espejo en el que dos amantes ven la cara del otro y reconoce a Dios. Es un camino hacia Dios.

CUANDO los amantes están en sintonía, de inmediato los pensamientos saltan de uno a otro. Aunque no estén diciendo nada, aunque permanezcan en silencio, se comunican.

El lenguaje es para los no amantes, para aquellos que no están enamorados. Para los amantes, el silencio es un lenguaje suficiente. Sin decir nada, no dejan de hablar.

HOMBRE Y MUJER

A menos que un hombre y una mujer sepan lo que es el silencio, a menos que puedan estar sentados juntos en un profundo silencio, no pueden fundirse en el ser del otro. Es posible que sus cuerpos logren penetrarse, pero sus almas permanecerán separadas. Y cuando las almas se encuentran hay comunión, comprensión.

UNA de mis más hondas preocupaciones es cómo hacer el amor y meditar tan concentrado en el otro de forma que cada relación amorosa automáticamente se convierta en una sociedad en meditación... y que cada meditación os vuelva tan conscientes que no necesitéis enamoraros y podáis elevaros en el amor. Se puede encontrar a un amigo de manera consciente y deliberada.

HOMBRE Y MUJER

VUESTRO amor se tornará más profundo a medida que vuestras meditaciones se ahonden, y al revés: a medida que vuestras meditaciones florezcan, vuestro amor también florecerá. Pero está en un nivel totalmente diferente.

Por lo general, no estáis conectados con vuestra pareja en la meditación. Nunca os sentáis juntos en silencio durante una hora para sentir la conciencia del otro. O bien estáis peleándoos o bien estáis haciendo el amor, pero en ambos casos estáis relacionados con el cuerpo, con la parte física, la biología, las hormonas. No estáis relacionados con el núcleo más hondo del otro. Vuestras almas permanecen separadas. En los templos y en las iglesias y en los tribunales solo vuestros cuerpos se casan. Vuestras almas se encuentran a kilómetros de distancia.

Por lo general, incluso en esos momentos hermosos que deberían ser sagrados, meditativos, de profundo silencio, incluso entonces no estáis solos con vuestro ser amado. Hay una multitud. Vuestra mente piensa en otra persona, la mente de vuestra esposa piensa en otra persona. Lo que hacéis es como si fuerais unos robots, es mecánico. Una fuerza biológica os tiene esclavizados y vosotros la llamáis amor.

Cuando hacéis el amor, ¿está vuestra mujer realmente allí? ¿Está vuestro marido realmente allí? ¿O simplemente lleváis a cabo un ritual... algo que hay que hacer, un deber a cumplir? Si queréis una relación armoniosa, tendréis que aprender a ser más meditativos. El amor solo no basta.

El amor solo es ciego; la meditación le brinda ojos. La meditación le brinda entendimiento.

CUANDO vuestro amor es al mismo tiempo amor y meditación, os convertís en compañeros de viaje. Entonces deja de ser una relación corriente entre marido y mujer. Entonces se convierte en una amistad en el camino hacia el descubrimiento de los misterios de la vida.

El hombre solo, la mujer sola, encontrarán el viaje muy tedioso y largo... igual que les ha sucedido en el pasado. Porque al ver ese constante conflicto, todas las religiones decidieron que aquellos que deseaban buscar deberían renunciar al otro: los monjes debían ser célibes, las monjas debían ser célibes. Pero en cinco mil años de historia, ¿cuántos monjes y monjas se han convertido en almas realizadas? Ni siquiera podéis darme nombres suficientes para contar con diez dedos. Y millones de monjes y monjas de todas las religiones...

¿Qué ha pasado? El camino no es tan largo. El objetivo no está tan lejos. Pero aunque quisierais ir a la casa de vuestro vecino, os harían falta las dos piernas. Saltando solo sobre una, ¿hasta dónde llegaríais?

HOMBRE Y MUJER

El hombre y la mujer son dos partes de un todo. En vez de perder el tiempo peleando, intentad comprender al otro. Intentad poneros en el lugar del otro; tratad de ver como ve un hombre, tratad de ver como lo hace una mujer. Cuatro ojos son siempre mejores que dos... de esa manera disponéis de una vista completa; tenéis a vuestro alcance los cuatro puntos cardinales.

Pero una cosa debéis recordar: que sin meditación, el amor está destinado a fracasar; no existe posibilidad de que sea un éxito. Podéis fingir y engañar a otros, pero no podéis engañaros a vosotros mismos. En lo más hondo sabéis que todas las promesas que os ha hecho el amor no se han cumplido.

SOLO con meditación el amor empieza a adquirir colores nuevos, música nueva, canciones y bailes nuevos, porque la meditación os proporciona la percepción para comprender el polo opuesto, y con esa misma comprensión desaparece el conflicto.

Todos los conflictos del mundo se deben a los malentendidos. Decís una cosa y vuestra esposa entiende otra. Vuestra esposa dice algo, vosotros entendéis otra cosa. Conozco parejas que llevan viviendo juntas treinta y cuarenta años; no obstante, parecen tan inmaduras como lo fueron el primer día juntas. Todavía la misma queja: «Ella no entiende lo que digo». ¡Cuarenta años viviendo juntos y no habéis sido capaces de encontrar un modo para que vuestra esposa entienda exactamente lo que decís y poder entender exactamente lo que ella dice!

Pero no creo que exista posibilidad alguna de que eso pase salvo a través de la meditación, porque la meditación os brinda las cualidades del silencio, la percepción, paciencia para escuchar y capacidad de situaros en la posición del otro.

Las cosas no son imposibles, pero no hemos probado la medicina adecuada.

Me gustaría recordaros que la palabra «medicina» proviene de la misma raíz que «meditación». La medicina os cura el cuerpo; la meditación os cura el alma. La medicina sana la parte material de vosotros; la meditación, la parte espiritual.

Las personas viven juntas y sus espíritus están llenos de heridas; por eso las cosas pequeñas las hieren tanto.

HOMBRE Y MUJER

Si amáis a un hombre, la meditación será el mejor regalo que le podéis dar. Si amáis a una mujer, el diamante Kohinoor no representará nada; la meditación será un regalo mucho más precioso... y aportará a vuestra vida un gozo absoluto.

Somos potencialmente capaces de experimentar un gozo absoluto, pero no sabemos cómo conseguirlo.

Solos, nos encontramos muy tristes.

Juntos, se convierte en un verdadero infierno.

Incluso un hombre como Jean-Paul Sartre, un hombre de gran inteligencia, tuvo que reconocer que el otro es un infierno, que estar solos es mejor, que no podéis conseguirlo con el otro. Se volvió tan pesimista que afirmó que era imposible conseguirlo con el otro, que el otro es un infierno. Por lo general, tiene razón.

Con la meditación, el otro se convierte en vuestro cielo. Pero Jean-Paul Sartre no tenía ni idea de meditación.

El hombre occidental se pierde el florecimiento de la vida porque no conoce nada sobre la meditación, y el hombre oriental se la pierde porque no conoce nada sobre el amor. Y para mí, tal como el hombre y la mujer son mitades de un todo, lo mismo sucede con el amor y la meditación.

La meditación es el hombre; el amor es la mujer.

En el encuentro de la meditación y el amor está el encuentro del hombre y la mujer. Y en ese encuentro creamos al ser humano trascendental, que no es hombre ni mujer.

A menos que creemos al hombre trascendental en la Tierra, no hay mucha esperanza.

HOMBRE Y MUJER

El amor une al hombre y a la mujer y entonces surge un nuevo ser que no es ni hombre ni mujer. Una pareja de verdad no es una pareja porque no hay dos, en cuyo caso, ¿cómo podría haber una pareja? Una pareja de verdad es una unidad, un ser nuevo que tiene dos corazones, dos cuerpos, pero un alma. Y esto no solo se produce entre hombre y mujer; el amor ayuda a salvar todo tipo de polaridades.

Asimismo salva las polaridades que hay dentro de vuestro ser. Dentro hay polaridades, lo positivo y lo negativo también existen en vuestro interior... los hemisferios izquierdo y derecho del cerebro. Y en lo más hondo de la conciencia vuelve a presentarse la misma división de hombre y mujer, porque todo hombre y mujer es bisexual. Si vuestra mente consciente es masculina, entonces la inconsciente es femenina; si la mente consciente es femenina, entonces la inconsciente es masculina. Debe ser así, ya que es el modo en que funciona la naturaleza. La naturaleza funciona a través de la dialéctica: tesis, antítesis. La naturaleza existe a través de la oposición. Mediante la oposición se crea la energía, a través de la tensión se libera la energía y a través del encuentro de los opuestos sale algo nuevo, una síntesis.

La vida no es lógica, sino dialéctica. Si la vida fuera lógica, solo habría habido hombres o mujeres; no habría existido la necesidad de un polo opuesto. Si la vida fuera lógica, solo habría habido electricidad positiva, no negativa. No habría habido motivo para que existieran los opuestos; la vida habría sido muy consistente. Habría habido luz u oscuridad, amor u odio, gozo o desdicha. Si la vida fuera lógica, entonces no habría podido haber ninguna contradicción... pero la vida es dialéctica. Hay contradicciones con cada paso que se da, en cada capa de ser hay contradicción. Y si el amor no está presente para unir, la vida se convierte en una ansiedad, una angustia; entonces quedáis divididos. Si el amor existe, los polos se encuentran y mezclan y os convertís en uno. La unicidad sucede cuando habéis asimilado todas las contradicciones y opuestos. No los habéis destruido, sino asimilado; no han sido abandonados, sino utilizados. Tanto el amor como el odio han sido utilizados y entonces una nueva cualidad de energía llamada compasión ha surgido en vosotros. Posee algo de los dos y algo que está más allá de ambos; es ambas cosas y no es ninguna.

HOMBRE Y MUJER

Todo mi enfoque hacia la vida es el de crear un puente entre los polos opuestos, de ahí que tenga tantas contradicciones. No soy un hombre consistente; soy demasiado leal a la vida como para ser consistente. No le debo nada a la lógica. Mi respeto no es hacia la lógica, sino hacia la vida. Si la vida es inconsistente, entonces yo también lo soy. Si la vida está dividida en polos opuestos, entonces yo también estoy dividido en polos opuestos. Pero la vida también posee una llave para ir más allá de los polos opuestos. No hace falta que neguéis uno por favorecer al otro; podéis aceptarlos a los dos, utilizarlos e ir más allá.

Dejad que el amor se convierta en vuestro puente. Os unirá con el exterior, os unirá con el interior. Unirá los polos exteriores y los interiores y con ello evolucionarán cualidades más elevadas de unidades. Os enamoráis; entra en juego una clase de unidad. Dos personas dejan de ser dos personas; se superponen, han empezado a existir como una. Sus latidos ya no son diferentes; siguen un ritmo. Piensan igual, sienten igual y, cuando hay amor verdadero, los amantes comienzan a sentir cosas que no se dicen, que no se expresan. Si amáis a un hombre y está enfermo, puede hallarse a mil kilómetros de distancia, pero os sentiréis tristes. Empezaréis a sentir que algo está mal... ¡cuándo a vosotros no os sucede nada! Vuestro amante muere en algún momento y a vosotros ni siquiera se os ha informado, pero os sentís conmocionados, el corazón os da un vuelco y a punto está de pararse. Si vuestro amante está enfadado y no os ha dicho nada, lo sabréis. Si está feliz y no os ha dicho nada, también lo sabréis.

HOMBRE Y MUJER

Los amantes empiezan a mostrarse más y más silenciosos. No hay necesidad de hablar, la comunicación acontece incluso en silencio. Esa es una unidad entre vosotros y el exterior; es amor. Luego hay otra unidad que tiene lugar en vuestro interior; vuestro hombre y mujer interiores se encuentran. Es la meditación; entonces por dentro comenzáis a sentiros como uno. Cuando estas dos unidades han pasado —la unidad del amor y la unidad de la meditación—, entonces puede tener lugar la tercera y definitiva unidad: vuestra unidad con el todo, con lo total, vuestra unidad con Dios. Para mí esa es mi trinidad: primero, unidad en el amor; segundo, unidad en la meditación; tercero, unidad en la oración.

MADUREZ

El amor es una consecuencia de ser. Cuando *sois*, os rodea el aura del amor. Cuando no sois, no poseéis esa aura a vuestro alrededor. Y cuando no lo tenéis, le pedís al otro que os dé amor. Dejad que lo repita: Cuando no tenéis amor, le pedís al otro que os lo dé; sois mendigos. Y el otro os pide que se lo deis. Tenemos a dos mendigos que extienden las manos y ambos esperan que el otro lo tenga... Desde luego, al final ambos se sienten derrotados y engañados.

Los dos esperabais que el amor fluiría del otro, y ambos estabais vacíos. ¿Cómo puede suceder el amor? En el mejor de los casos, podréis ser desdichados juntos. Antes, solíais ser desdichados solos, por separado, ahora podéis serlo juntos. Y recordad, siempre que dos personas son desdichadas juntas, no se trata de una simple adición, sino de una multiplicación.

Solos os sentíais frustrados, juntos os sentís frustrados. Tiene una cosa buena, ya que ahora podéis achacarle la responsabilidad al otro: es el otro quien os hace desdichados... eso es lo bueno. Podéis sentiros relajados. «A mí no me sucede nada... el otro... ¿Qué hacer con semejante esposa... desagradable, molesta?» Es obligatorio ser desdichado. «¿Qué hacer con semejante marido... feo, avaro?» Ya podéis achacarle la responsabilidad al otro; habéis encontrado vuestro cabeza de turco. Pero la desdicha permanece, se multiplica.

Podéis seguir cambiando de marido o de esposa, pero volveréis a encontrar el mismo tipo de mujer y la misma desdicha se repetirá de diferentes formas... pero la desdicha se repetirá; es casi igual. Podéis cambiar de esposa, pero vosotros no habéis cambiado. ¿Quién va a elegir a la otra esposa? Vosotros. La elección volverá a salir de vuestra inmadurez. Volveréis a elegir un mismo tipo de mujer.

El problema básico del amor radica en ser maduro primero, luego encontraréis a una pareja madura; entonces la gente inmadura no os atraerá en absoluto. Es así. Si tenéis veinticinco años de edad, no os enamoráis de un bebé de dos años... exactamente de esa manera. Cuando psicológica y espiritualmente sois una persona madura, no os enamoráis de un bebé. No sucede. No *puede* suceder. Podéis ver que no tendrá ningún sentido.

De hecho, una persona madura se eleva con el amor. Solo las personas inmaduras trastabillan y caen con el amor. De algún modo antes lograban mantenerse de pie. Pero ya no lo consiguen y no son capaces de erguirse... encuentran a una mujer y se pierden, encuentran a un hombre y se pierden. Siempre han estado dispuestas a caer postradas y a arrastrarse. No tienen la firmeza ni la determinación; carecen de la integridad de erguirse solas.

Una persona madura posee la integridad de estar sola. Y cuando una persona madura ofrece amor, da sin ningún hilo oculto: simplemente entrega.

CUANDO una persona madura da amor, se siente agradecida de que hayáis aceptado su amor, no al revés. No espera que estéis agradecidos, en absoluto, ni siquiera necesita vuestras gracias. Ella os da las gracias por aceptar su amor. Y cuando dos personas maduras están enamoradas, sucede una de las grandes paradojas de la vida, uno de los fenómenos más hermosos: están juntas y al mismo tiempo tremendamente solas; están tan juntas que casi son una sola persona. Pero su unicidad no destruye su individualidad; de hecho, la potencia: se vuelven más individuales. Dos personas maduras enamoradas se ayudan mutuamente a ser más libres. No hay política involucrada, ni diplomacia ni esfuerzo por dominar. ¿Cómo podéis dominar a la persona que amáis?

Pensadlo. La dominación es una especie de odio, de ira, de enemistad. ¿Cómo podéis pensar en dominar a una persona a la que amáis? Os encantaría ver a esa persona totalmente libre, independiente; le daríais más individualidad. Es la mayor paradoja: están tan juntas que casi son una, pero, no obstante, en esa unicidad son individuos. Sus individualidades no quedan destruidas... se han visto potenciadas. El otro ha enriquecido su libertad.

La gente inmadura que cae en el amor destruye la libertad del otro, crea servidumbre, levanta una prisión. Las personas maduras enamoradas se ayudan a ser libres; se ayudan entre sí a destruir todo tipo de servidumbre. Y cuando el amor fluye con libertad hay belleza. Cuando el amor fluye con dependencia hay fealdad.

Recordad, la libertad es un valor más elevado que el amor. Por eso en la India a lo definitivo lo llamamos *moksha*. *Moksha* significa libertad. La libertad es un valor más elevado que el amor. De modo que si el amor está destruyendo la libertad, no vale la pena. Se puede prescindir del amor; hay que salvar la libertad: la libertad es un valor más elevado.

Sin libertad jamás podéis ser felices... no es posible. La libertad es el deseo intrínseco de cada hombre, de cada mujer... libertad absoluta. De modo que cualquier cosa que resulte destructiva para la libertad se empieza a odiar.

¿No odiáis al hombre al que amáis? ¿No odiáis a la mujer a la que amáis? Los odiáis. Es un mal necesario; tenéis que tolerarlo. Debido a que no podéis estar solos, debéis arreglaros con alguien, y tenéis que adaptaros a las exigencias del otro. Tenéis que tolerar, tenéis que soportar.

El amor, para ser realmente amor, ha de ser un regalo, un estado de ser. Cuando habéis llegado a casa, cuando habéis sabido quiénes sois, entonces el amor surge en vuestro ser. La fragancia se extiende y podéis ofrecérsela a otros.

MILLONES de personas se mantienen infantiles toda su vida; jamás crecen. Crecen en edad, pero nunca mentalmente, su psicología sigue siendo juvenil, inmadura. Siempre están necesitando amor. Lo anhelan como si fuera comida.

El hombre se vuelve maduro en cuanto empieza a amar en vez de necesitar. Comienza a rebosar, a compartir. Comienza a dar. El énfasis es totalmente diferente. Con el primero, el énfasis radica en cómo obtener más. Con el segundo, el énfasis está en cómo dar, cómo dar más, cómo dar de manera incondicional. De ese modo crecéis y maduráis.

En cierto sentido, la meditación es ir más allá de la naturaleza. Por eso se la llama trascendental. La naturaleza no ha proporcionado ningún modo automático, de la forma en que ha proporcionado ojos, manos, oídos; no ha proporcionado ningún modo para que vuestra energía puede entrar en vosotros. La meditación es trascender los regalos naturales, ir más allá de la naturaleza. No va contra esta, simplemente avanza hacia una naturaleza más grande, más abrumadora, más universal.

Y en cuanto hayáis encontrado el camino y hayáis tocado vuestro propio ser, habréis pasado a través de una magia. Nunca más volveréis a ser la misma persona. No solo eso, sino que el mundo que os rodea nunca volverá a ser el mismo. En ese momento vuestro amor poseerá una nueva fragancia... no la antigua posesividad y dominación. Vuestra amistad será más que amistad «amigabilidad»*. No tendrá ninguna esclavitud ni condicionamiento.

En cuanto sentís que ya no dependéis de nadie, os domina un profundo frescor y silencio, un desprendimiento relajado. Eso no significa que dejáis de amar. Todo lo contrario, por primera vez conocéis una cualidad nueva, una nueva dimensión de amor: un amor que ya no es biológico, que está más próximo a la amistad que cualquier relación. Vuestro amor se convierte más en un aura a vuestro alrededor que se puede compartir con cualquiera, incluso un extraño. De hecho, no es una cuestión de hacer algo cuando compartís. Se convierte simplemente en vuestra naturaleza. Os volvéis cariñosos. En el pasado solíais enamoraros de algún individuo. Ahora ya no os enamoráis de nadie... Sois amor.

Allí donde estéis, lleváis vuestra fragancia. Allí donde estéis, portáis vuestra brisa fresca, vuestro frescor relajado. Y sentiréis una tremenda libertad.

DEJAD que el amor sea vuestro estado de ser. No es que vayáis a enamoraros, sino que sois amorosos. Sencillamente en vuestra naturaleza. El amor, para vosotros, es la fragancia de vuestro ser. Aunque estéis solos, os veis rodeados por energía amorosa. Aunque toquéis algo muerto, como una silla, vuestra mano irradia amor... no importa a quién. El estado amoroso no va dirigido a nadie en particular. Y no os impido que estéis enamorados, pero solo podréis estarlo si os olvidáis del viejo patrón mental de las relaciones. El amor no es una relación. Dos personas pueden ser muy amorosas. Cuanto más amorosas sean, menos posibilidad existe de una relación. Cuanto más amorosas sean, más libertad existe entre ellas. Cuanto más amorosas sean, menos posibilidades existen de exigencias, dominación y expectativas.

HOMBRE Y MUJER

Cuando amáis profundamente una flor, también amáis su marchitamiento. Cuando amáis profundamente a una mujer, también amáis que se haga vieja, algún día asimismo amaréis su muerte. Eso forma parte de ser mujer. La vejez no ha sucedido desde el exterior, ha llegado desde el interior. La cara hermosa ya se ha arrugado... también amáis esas arrugas. Son parte de vuestra mujer. Amáis a un hombre y su pelo se ha tornado blanco... también amáis esos pelos. No han ocurrido desde fuera; no son accidentes. La vida se despliega. El cabello negro ha desaparecido y ha llegado el cano. No lo rechazáis, os encanta, son una parte. Luego vuestro hombre envejece, se debilita... también amáis eso. Y un día el hombre ya no está... también amáis eso.

El amor lo ama todo. El amor no conoce otra cosa que no sea amor.

LA DANZA INTERIOR

Tenéis dos ojos. Para el taoísta, esos dos ojos son muy importantes. Solo la ciencia moderna ha sido capaz de ver la verdad. Esos dos ojos no son solo los ojos visibles. También representan el varón y la mujer que lleváis dentro. Ahora la ciencia moderna afirma que el cerebro del hombre está dividido en dos hemisferios, y que uno es masculino y el otro femenino. El lado derecho de la mente es femenino, y el izquierdo es masculino. De modo que un ojo representa el varón que hay en vosotros y el otro la mujer que lleváis dentro. Y cuando vuestro varón y mujer se juntan en vuestro interior, esa reunión, esa comunión interior de vuestra parte masculina y femenina, es lo que se llama «cielo».

JESÚS dice: «Cuando vuestros dos ojos sean uno, habrá luz». Habla como un alquimista taoísta. Cuando vuestros dos ojos sean uno, habrá luz. Cuando vuestros dos ojos sean uno... cuando vuestro varón y mujer desaparezcan en el otro... es la experiencia orgásmica definitiva. Lo que sentís al hacer el amor con una mujer o un hombre es solo una parte pequeña de ello, una parte muy fugaz. Es tan momentánea que cuando sois conscientes de ella ya se ha desvanecido. Cobráis conciencia de ella únicamente en el pasado, por lo fugaz que es. Pero es un vistazo de la reunión del hombre y la mujer. Es una reunión externa. Es un milagro que sucede durante un momento, pero existe la profunda posibilidad. Y ese ha sido el trabajo del Tantra, del Tao, del Yoga y de todas las grandes enseñanzas secretas del mundo: ayudaros a llegar a ser conscientes de vuestro interior femenino y masculino... lo que los tantrikas llaman Shiva y Shakti y los taoístas yin y yang. La polaridad, lo positivo y lo negativo que hay en vosotros, el día y la noche... tienen que reunirse ahí.

HOMBRE Y MUJER

EN un mito antiguo que sobrevive en muchos países del Lejano Oriente, dicen que Dios creó al hombre y a la mujer juntos, no como a dos seres; estaban unidos en un cuerpo. Pero luego se hizo difícil. Surgieron conflictos y problemas. La mujer quería ir al este y el hombre no estaba dispuesto. O el hombre se hallaba listo para hacer algo y la mujer quería descansar. Pero estaban juntos, unidos en sus cuerpos. De modo que se quejaron y Dios los separó. Desde entonces, cada hombre busca a la mujer, su mujer, y cada mujer busca a su hombre.

Ahora hay tal multitud que resulta muy complicado encontrar quién es vuestra mujer y quién vuestro hombre. Hay tanta desdicha, y uno continúa tropezando y avanzando a tientas en la oscuridad. Es casi imposible hallar a vuestra mujer. ¿Cómo vais a encontrarla? El mito dice que si lográis dar con ella, todo encaja; volvéis a ser uno. Pero es muy difícil.

Cuando os enamoráis de una mujer, ¿qué sucede de verdad? Lo siguiente: de algún modo la mujer del exterior encaja con la imagen de vuestra mujer interior, encaja con esa imagen, quizá no en un cien por cien, pero lo suficiente como para enamoraros. Cuando os enamoráis de un hombre, ¿qué pasa? Algo en vuestro interior hace clic y dice: «Sí, este es el hombre, el hombre adecuado». No es una conclusión lógica, no es un silogismo. No es como si descubrierais todos los pros y los contras del hombre para luego decidir, ni comparáis al hombre con todos los hombres del mundo y luego decidís. No, de repente sucede algo. De pronto ese es el hombre al que estabais esperando, que llevabais esperando vidas enteras.

¿Qué sucede? Dentro lleváis una imagen de hombre y una imagen de mujer. Sois ambos y no dejáis de buscar en el exterior. Nadie va a encajar en un cien por cien, porque la mujer que encontráis en el exterior tiene sus propias imágenes sobre vosotros; vosotros tenéis vuestras propias imágenes. Es muy difícil que encajen la una con la otra. De manera que todos los matrimonios siempre están inseguros, y a la larga la gente aprende a convivir pacíficamente. Aprende a no «mover la barca».

HOMBRE Y MUJER

CADA hombre es también una mujer y cada mujer es también un hombre.

Podéis permanecer divididos por dentro... el hombre separado de la mujer, la mujer interior separada del hombre interior. Entonces siempre habrá conflicto, una cierta lucha. Este es el estado corriente de la humanidad. Si vuestro hombre y mujer interiores pueden encontrarse en un abrazo profundo, pueden fundirse el uno en el otro, por primera vez seréis uno... ni hombre ni mujer. Entonces seréis trascendentales.

El hombre representa acción, la mujer representa inacción. Tenéis que utilizar la acción para alcanzar la inacción. Tenéis que realizar el esfuerzo para volveros sin esfuerzo. Tenéis que poner todas vuestras energías, tenéis que volveros tan activos que atrás no quede nada. Toda la energía participa de esa creatividad, y entonces, de pronto, cuando toda la energía participa, acontece una transformación. Así como a los cien grados el agua se evapora, la acción, cuando es total, se evapora, y atrás queda la inacción. Primero tenéis que aprender a bailar y debéis dedicar todas vuestras energías al baile. Y un día acontece esa extraña experiencia en que de repente el bailarín desaparece en la danza y esta sucede sin esfuerzo. Entonces es inacción. Para entrar en la inacción primero debéis aprender la acción. En eso radica la meditación.

La gente viene a preguntarme por qué enseño meditaciones activas... porque es la única manera de encontrar la inacción. Danzad hasta el máximo, danzad hasta el frenesí, danzad locamente, y si dedicáis toda vuestra energía, llega un momento en que de pronto veis que el baile sucede por su propia cuenta... no hay esfuerzo en él. Es acción sin acción.

Si os apoyáis demasiado en la energía masculina, os volvéis demasiado activos y no sabéis cómo ser pasivos. Eso ha sucedido en Occidente. La gente enloquece con su actividad. Demasiada velocidad, todo ha de hacerse de inmediato, no hay paciencia, no hay espera. Han olvidado cómo ser pasivos, cómo ser pacientes, cómo esperar por las cosas. Han perdido toda la capacidad de ser inactivos. No saben cómo disfrutar de los días libres. Y aunque lo hagan, se muestran más activos que nunca. Durante toda la semana laboral piensan que descansarán cuando lleguen los días festivos, y cuando sucede eso, tienen que hacer mil cosas. Y no son cosas necesarias, en absoluto; pero no pueden vivir con el descanso. No son capaces de echarse en el césped y ser uno con la tierra. Son incapaces de sentarse en silencio bajo un árbol sin hacer nada. No, empezarán a hacer mil cosas por la casa. Arreglarán esto y aquello, abrirán los capós de los coches y empezarán a hurgar en los motores. Harán algo. Pero permanecerán activos.

Toda su vida la gente piensa que cuando se jubile disfrutará. Pero no puede, no es capaz de descansar. La gente muere demasiado rápidamente cuando se jubila, porque no sabe qué otra cosa hacer. La muerte parece la única vía de deshacerse de una vida que ha perdido el sentido, que nunca ha tenido sentido, que siempre ha sido precipitada.

ORIENTE se ha vuelto demasiado pasivo, demasiado fatalista: «No hay que hacer nada. Simplemente esperemos. Dios lo hará». Es otro tipo de necedad y estupidez. Oriente es pobre, perezoso, ruidoso y a las personas no les preocupa nada. Se encuentran rodeadas de desdicha, de pobreza, de mendigos, de enfermedades... y nadie está preocupado. Todo se acepta. «¿Qué se puede hacer? Es la voluntad de Dios. Tenemos que aceptarla. Simplemente tenemos que esperar. Cuando las cosas parezcan desbordadas, aparecerá Dios. ¿Qué otra cosa podemos hacer?» Esa es la mente femenina. Tenéis que estar exactamente en el centro, ni masculino ni femenino, sin decantaros por ningún extremo. Entonces hay equilibrio. Entonces uno está inactivo aunque permanezca activo por fuera. Por fuera orientaos hacia el sol, por dentro hacia la luna. Dejad que el sol y la luna se reúnan en vosotros, mientras estáis exactamente en el centro. En el centro está la trascendencia.

HOMBRE Y MUJER

Si en vosotros existe el conflicto interno entre hombre y mujer, entre el sol y la luna, entonces siempre estaréis interesados en el exterior. Si sois hombre, estaréis interesados en la mujer exterior; estaréis fascinados por ella. Si sois mujer, estaréis fascinadas por el hombre exterior. En cuanto queda resuelto el conflicto y vuestra energía del sol entra en la energía de la luna y se elimina la separación, quedan unidas; entonces no os mostraréis fascinados por el hombre o la mujer exteriores. Por primera vez estaréis sexualmente satisfechos.

No digo que vayáis a dejar a la mujer exterior. No es necesario. Tampoco al hombre exterior. Pero en ese momento toda la relación será absolutamente diferente... muy armoniosa. No será una relación de necesidad; más bien será una relación basada en compartir.

Por lo general, cuando un hombre se acerca a una mujer es una cuestión de necesidad. Quiere utilizarla como un medio. La mujer quiere utilizar al hombre como un medio. Esa es la razón por la que todos los hombres y las mujeres mantienen una pelea continua: básicamente pelean dentro de sí mismos. La misma pelea se refleja hacia fuera.

Y cuando usáis a una mujer, ¿cómo podéis pensar que ella va a estar totalmente relajada con vosotros, en armonía? Siente que está siendo reducida a un medio. Y ningún hombre o mujer es un medio. Siente que está siendo usada como una cosa, reducida a una cosa. Su alma parece estar perdida; por eso se encuentra enfadada. Y trata de reducir al hombre a una cosa. Convierte al marido en un marido tiranizado; lo fuerza. Y eso continúa.

Es más un conflicto que amor... una lucha. Más parecido a una guerra que a amor... más parecido al odio que al amor.

HOMBRE Y MUJER

CUANDO estáis sintonizados con vuestra mujer y hombre interiores, de pronto estáis sintonizados también con otros. Vuestro conflicto interior desaparece; también el conflicto exterior. Este es una sombra del interior. Entonces podéis tener relaciones o no. Sois totalmente independientes. Es lo que sea que elijáis que sea. Si queréis tenerlas, podéis tenerlas; pero no habrá conflicto. Si no queréis estarlo, si queréis estar solos, podéis estar solos; y no habrá soledad. Esa es la belleza cuando se alcanza la unidad orgánica por dentro.

El amor es la parte femenina en vosotros y la conciencia es la masculina. Y ambas tienen que encontrarse y fundirse entre sí. Si uno solo sabe cómo amar y no es consciente, es únicamente una mitad. Si uno sabe cómo ser consciente y no sabe amar, se sigue siendo una mitad. Y ser una mitad es sufrir. Por eso el así llamado hombre cosmopolita sufre y el hombre que vive en un monasterio sufre. Han elegido distintos tipos de sufrimiento, es cierto, pero el sufrimiento es el sufrimiento. Da lo mismo desde qué dirección avancéis hacia él.

En el mundo solo hay una felicidad, y esta surge de convertirse en una persona completa.

HOMBRE Y MUJER

Esto es lo más fundamental de convertirse en una persona completa: el hombre y la mujer que lleváis dentro deben enamorarse y desaparecer en el otro. El ser interior debería volverse andrógino, ni hombre ni mujer. Entonces estáis integrados, sois uno. De lo contrario, sois muchos, sois polipsíquicos, y esto es ser neurótico. Ser polipsíquico significa que tenéis muchas mentes, que sois una multitud... mil y una voces, cada una arrastrándoos en su propia dirección. La vida sigue siendo una lucha constante... sin objetivo alguno. Os precipitáis en una dirección, luego en otra y luego en otra. Esto continúa hasta vuestra tumba. Desde la cuna hasta la tumba os precipitáis, corréis demasiado, pero sin llegar a ninguna parte.

Convertirse en uno es llegar.

EL sendero espiritual se puede dividir en dos: el sendero masculino y el sendero femenino, el yin y el yang. Esta es la división básica. Toda la naturaleza está dividida en dos: lo negativo y lo positivo, la materia y la mente, la tierra y el cielo. La totalidad de la naturaleza depende de esta dialéctica, de esta dualidad... y en este mismo momento nosotros formamos parte de ella. Al iluminaros iréis más allá... entonces no habrá dialéctica, ni dualidad y seréis uno... pero antes de llegar a ser uno tendréis que averiguar qué trabajo encajará con vosotros.

A estas dos clases de trabajo las llamo: amor y meditación. El amor es el camino femenino y la meditación es el camino masculino.

LA meditación significa la capacidad de estar absolutamente solos, y el amor significa la capacidad de estar absolutamente juntos. Amor significa sentir alegría con la unión; la meditación significa sentir alegría con la soledad. Ambos desempeñan el mismo tipo de trabajo, porque en los dos caminos el ego desaparece. Si estáis realmente enamorados, tenéis que desprenderos del ego, de lo contrario el amor no será posible. Si queréis profundizar en la meditación, deberéis dejar el ego atrás, de lo contrario no estaréis solos. El ego se hallará presente y la dualidad permanecerá: el ser y el ego, la conciencia y la mente.

Tendréis que desprenderos de la mente si queréis entrar en la meditación, y tendréis que hacer lo mismo si queréis entrar en el amor.

EL meditador va hacia dentro; es introvertido, busca la interioridad. Y el amante va hacia fuera, es extravertido, busca el ser del otro. Enamorado, el otro se convierte en el espejo en el que encontráis vuestra cara, vuestro rostro original. En la meditación, no os hace falta ningún espejo; simplemente entráis en vosotros mismos y os encontráis, no necesitáis vuestro reflejo. Estos son los dos tipos básicos de trabajo.

HOMBRE Y MUJER

Las personas mundanas han elegido el amor, las personas espirituales han elegido la percepción. Es fácil elegir solo una... parece simple, menos complicado, pero entonces vuestro ser también se mantiene pobre. La riqueza siempre es compleja. No hace falta temer la complejidad; únicamente hay que tenerle miedo a la multitud. La complejidad es perfectamente buena si se centra en la unicidad, si es una armonía.

Si escucharais los corazones de las personas, son como notas aisladas que repitieran lo mismo. En muy contadas ocasiones se encuentra a un hombre que sea una orquesta. Pero una orquesta necesita mucho orden. Si cada intérprete fuera por su lado, entonces sería enloquecedor... a menos que haya un orden y una armonía en las que todos estuvieran separados y al mismo tiempo encajaran en uno, todos centrados y arraigados en la unicidad. Entonces la vida posee riqueza.

Dejad que el amor y la conciencia se fundan en vosotros. Sed más amorosos y más conscientes al mismo tiempo. Sed conscientes y amorosos al mismo tiempo. Entonces tendrá lugar una gran riqueza, una gran satisfacción, una gran realización.

¿Quién es un Buda... un hombre o una mujer? En la India tenemos una representación simbólica de Shiva como Ardhanarishwar: mitad hombre, mitad mujer. Eso es perfecto. Y es así porque nacéis de padre y madre... la mitad de vosotros procede de vuestro padre y la otra mitad de vuestra madre. De modo que, como mucho, la diferencia entre un hombre y una mujer es una diferencia de énfasis, no de calidad. La mujer es conscientemente mujer, inconscientemente hombre; el hombre es conscientemente hombre, inconscientemente mujer. Esa es la única diferencia.

La conciencia no es ni masculina ni femenina, ya que no pertenece al cuerpo; flota sobre él. La gente se acerca a preguntarme: «¿Dónde se encuentra el emplazamiento de la conciencia?». No se puede localizar, porque no forma parte del cuerpo. Flota en alguna parte por encima de vosotros. No se halla exactamente en el cuerpo; no se puede localizar. Y una vez que os habéis vuelto conscientes, también vosotros flotáis sobre vuestro cuerpo: no estáis en él. Ese es el significado de la palabra «éxtasis». Significa salir de uno mismo, éxtasis: salir.

Cuando os volvéis conscientes, os volvéis extáticos: salís de vosotros mismos. Os convertís en un observador en las colinas.

EL verdadero tesoro se halla en el interior. Desde el exterior, solo podéis recibir indicios del tesoro interior; desde el exterior, solo flechas señalando hacia el centro más profundo de vuestro ser; desde el exterior, solo hitos. Pero no os aferréis a un hito, y no penséis que es la meta y que ya habéis llegado.

Dejad que esto penetre en vuestro corazón: a menos que el interior se vuelva más importante que el exterior, vivís una vida muy anormal. La persona normal es aquella cuyo interior es la fuente de todo lo que hace. El exterior solo es un medio, el interior el fin.

La relación amorosa que tenéis con un hombre o una mujer es un medio para alcanzar un fin. El fin es tener una relación con vuestra mujer u hombre interiores. El exterior ha de ser utilizado como una situación de aprendizaje; es una gran oportunidad.

No estoy en contra de la relación amorosa exterior, todo lo contrario, porque sin ella jamás seríais conscientes de la interior. Pero recordad, no os quedéis enganchados en la exterior.

PRIMERO tenéis que aprender la lección con lo visible. Reuníos con la mujer exterior, reuníos con el hombre exterior, para que podáis tener unas pocas experiencias acerca de la naturaleza de esa reunión. Luego, despacio, despacio, podéis buscar hacia el interior para encontrar la misma polaridad allí.

El día en que vuestro hombre y mujer interiores se encuentran, quedáis iluminados. Es un día de gran celebración, no solo para vosotros, sino para la totalidad de la existencia.

SE dice que cuando Buda se iluminó, del cielo llovieron flores. No se trata de hechos históricos, sino de expresiones poéticas, aunque de tremenda importancia. Toda la existencia debió haber bailado, cantado, arrojado millones de flores... porque es un fenómeno raro. Un alma titubeante de pronto ha quedado integrada, un alma fragmentaria se ha visto cristalizada. Un hombre se ha vuelto Dios: hay que celebrarlo. Es una bendición para la totalidad de la existencia.

Pero la primera lección hay que aprenderla en el exterior, no lo olvidéis. A menos que hayáis conocido a la mujer en el plano exterior, en toda su riqueza, en toda su dulzura y amargura; a menos que hayáis conocido al hombre en el exterior, en toda su belleza, en toda su fealdad, no seréis capaces de pasar a la dimensión interior. No seréis capaces de permitir la entrada del yin y el yang, de Shiva y Shakti, para que se encuentren dentro.

Y ese encuentro es de absoluta importancia, de una importancia definitiva, porque solo con ese encuentro os convertís en un dios... jamás antes.

Sobre el Osho International Meditation Resort

EL Osho International Meditation Resort es un magnífico lugar para las vacaciones, donde se puede tener la experiencia directa de un nuevo modo de vida con mayor atención, relajación y alegría.

Situado a ciento setenta kilómetros de Mumbai en Puna, India, el *Resort* ofrece programas diferentes a los miles de personas de más de cien nacionalidades que lo visitan cada año. Creado originalmente como lugar de retiro veraniego para los maharajás y ricos colonialistas británicos, Puna es, en la actualidad, una moderna metrópoli que aloja universidad e industrias tecnológicas. El *Resort* de meditación, de más de kilómetro y medio de superficie, se encuentra en un barrio arbolado llamado Koregain Park. En el *campus* del *Resort* pueden alojarse un número limitado de visitantes en el nuevo centro para huéspedes, y hay una gran variedad de hoteles cercanos y apartamentos privados en alquiler para estancias que pueden ir desde unos pocos días a varios meses.

Los programas del *Resort* se basan en su totalidad en la visión de Osho de un tipo cualitativamente nuevo de ser humano que es capaz de participar creativamente en la vida cotidiana, como de relajarse en el silencio y la meditación. La mayoría de los programas tienen lugar en las modernas y acogedoras instalaciones, e incluyen sesiones individuales, cursos y talleres que abarcan tanto cualquier aspecto de las artes creativas y tratamientos holísticos de medicina, como transformación personal y terapia, ciencias esotéricas, el acercamiento zen a los deportes y el ocio, temas de relaciones y transiciones significativas en la vida para hombres y mujeres. Las sesiones individuales y los talleres de grupo se ofrecen durante todo el año, junto con un horario de meditación a lo largo de todo el día. Existen cafés y restaurantes al aire libre dentro del *Resort* que ofrecen platos tradicionales indios, así como una amplia selección de comida internacional, en todos los casos elaborada con productos orgánicos cultivados en la propia granja del *Resort*. El *campus* tiene abastecimientos propios de agua filtrada completamente segura.

www.osho.com/resort

Para más información

Véase:

www.osho.com

Una página web exhaustiva y multilingüe que incluye una revista *on-line,* emisiones de audio y vídeo, información sobre los programas y los viajes al Osho International Meditation Resort en Puna y un archivo completo de charlas de Osho, además de un catálogo de todas sus publicaciones, incluyendo libros, revistas, cintas y vídeos.

O contactar con:

Osho International, Nueva York
e-mail: oshointernational@oshointernational.com

Printed in Germany by
Amazon Distribution
GmbH, Leipzig